# 漢字んな話 2

笹原宏之 監修　前田安正・桑田 真 著　わけ みずえ 画

三省堂

装丁　三省堂デザイン室

UD Font Universal Design
本文の書体は可読性にすぐれたイワタユニバーサル
デザイン（ＵＤ）フォントを使用しています

# はじめに

　漢字は、今から三千年以上も前に、中国大陸の地で生まれた。余りにも古いことなので、蒼頡《そうけつ》という四つの目を持つ不思議な人が生み出したという説話も生まれたくらいだ。かつては伝説とされた殷《いん》王朝の時代に亀の甲羅や牛の骨に甲骨文字が刻まれて以来、中国では近現代になるまで漢字は造られ続けてきた。

　漢字を見つめると、どうしてこのように書くのかがうかがえるものがある。「木」「山」「川」「日」は、分かりやすい。なぜそれらの字体が「ボク」「サン」「セン」「ニチ」と読むのかまで知りたくなってくる。さらに、「白」「赤」「黒」「青」「緑」などは、なぜこのような形で色の意味を表すのかも気にかかってくることだろう。

　一つ一つの漢字は、造られた当時、何らかの意図をもってその形が定められたに違いない。形によって作られた象形文字は素朴である。中国で昔、mukというような発音で呼ばれた植物（英語で言えばwood）を「」と象《かたど》ったのだ。

　具体的で基本的なことばにはそのように字を造っていくことができる。しかし抽象的な概念を持つことばとなると工夫がいる。それを図形で表したのが指事文字である。「木」のこずえの部分にマーク（一）を入れて「（末）」とする。一方、その根もとにマークを入れて「（本）」とした。今でも、「本末転倒」ときちんと対をなす。

森羅万象を表現するために単語は限りなく増えていく。それに対応するためには、素朴な造字法だけでは足りない。単体の字を組み合わせ始めた。「木」を二つ合わせて「林」とするのが、意味を合わせた会意文字である。それらは、古代人の物事の見方、捉え方を反映している。水浴びをするという意味を持つ muk ということばを表すためには、さらなる方法が試みられた。発音を表すために「木」を借りてくる。「wood」という意味をここで消し去るのだ。「水」と「木」とを合わせた「沐」は、発音も示す形声文字である（「沐浴《もくよく》」の一字目）。こうして漢字の造字法は四種類になった。

それらの漢字によって、実際の数多くのことばを書き表そうとするときには、柔軟に応用を加える必要があった。漢字のもつ意味や発音に基づいて、ある漢字を別の漢字と通わせるようになる。転注と仮借《かしゃ》という二つの使用法である。こうして六《りく》書《しょ》とよばれる漢字の造字・応用方法が揃《そろ》った。さらに種々の細かな方法を創造しながら、漢字は複雑な歴史を歩みつづけてきた。

こうして発展した漢字は、日本には五世紀頃に中国から、ときに朝鮮半島を経由して、本格的に伝来しはじめる。「木」という字では、当時の中国での「モク」「ボク」というような発音を聴き取って、これらを音読みとした。さらに、自分たちの暮らしの中で使ってきた和語つまり「やまとことば」の「き」が、それに対応する意味を持つことに気付き、これを訓読みとした。「末」は「すえ」、「林」は「はやし」と訓読みの手法を定着させながら、ついにそれを利用して日本語の文章も書き表そうとする。そのために、さらに応用を重ねる必要が生じた。日本で神事に用いる木「さかき」には新しく「榊」と書くというように造字までなされ、それも国字として親しまれていく。そこには日本の消化力と独自の工夫が見られる。

ことばや文字の起源は、古代のことなので証拠が残っていないことが多い。字源や解字と呼ばれる字の成り立ちを記した辞書は、中国では千九百年も前に許慎によって『説文解字』が編纂《へんさん》されているが、今に至るまで個々の字の字源は諸説紛々である。どの残存資料を重視するか、古代社会をいかに捉えるかといった立場や解釈の違いが一因となって、簡単な「白」でも、どんぐり、親指、髑髏《どくろ》、米粒、豚の皮など、象形文字だと言っても日中で定説を見ない。それは、個々の漢字の本来の字形だけでなく、その大元の発音や意味も明確ではないためである。

本書は、そうした研究の状況を踏まえ、漢字の成り立ちや単語との関わりについて、朝日新聞校閲センターの前田安正氏、桑田真氏のお二人が楽しく記した連載に基づく。日本人が漢字に抱いてきた情感も盛り込まれている。単行本化に当たって、大いに加筆された。軽妙な対話を通して、移り変わる漢字やことばについて考えていただけると幸いである。

笹原宏之

# 第一章 春

やま里の春のあるじを人とはば
おのがたづぬる花とこたへよ（慈円）

# 【美】

## 大きな羊「あんたは偉い！」

ご隠居　おやっ、ばっちりおめかしして、デートかい？

咲　やだなあ、違うよ。友達とお洋服を買いにいくの。

ご隠居　デートするにはまだ早いか。そりゃそうだな、ふむふむ……。ま、春だし、新しい服をそろえるのもいいね。

咲　この雑誌で、どんなのを買うかは決めてあるんだ。

ご隠居　どれどれ？　「新学期にキメる！　キレイ系vs.カワイイ系」……。あたしにゃ、キレイ系もカワイイ系も何がなんだかさっぱりだけど、近頃は小学生向けのファッション誌ってのがあるのかい。

咲　当然！　乙女たるもの、美の追求は怠りませんよ。

ご隠居　ほほう。それじゃ問題。「**美**」って字には、ある動物が隠れてるんだが、分かるかい。

咲　えーと、上半分が羊に見えるような……。

ご隠居　あれれ、あっさりご名答だね。「**羊**」に「**大**」を組み合わせて、よく肥

甲骨文

金文

えて大きな羊を表したとか、「大」の部分が脚を表して羊の全身をかたどった字だとか言われているんだ。

咲　羊を見て昔の人はうつくしいと思ったのかな？

ご隠居　羊は身近で欠かせない家畜だったんだな。食料となったり祭祀《さいし》のための犠牲に捧《ささ》げられたりしたんだ。だから、姿形が「うつくしい」っていうよりも、「たたえる」っていう意味合いが強かったようなんだ。

咲　へえ、そうなんだ。「美味」って言葉は、羊の肉を使うジンギスカンがおいしいからっていうわけじゃないよね。

ご隠居　ははは。「**美味**」「**美酒**」みたいに食べ物に使うときは「うまい」っていう意味だね。「**美徳**」や「**美点**」といえば「優れてる」っていうこと。

咲　「**ご褒美**」なんていうときは？

ご隠居　「**賛美**」「**賞美**」と一緒で、この場合は「ほめる」ってことだね。おや、友達が来たみたいだよ。

咲　あ、そろそろ行かなくちゃ！　春に合わせて美々《ビビ》ッド（ビビッド）なお洋服を見つけてこようっと。

ご隠居　うーん、洋服を買いにねえ。あのお咲ちゃんが？　あのおてんばのお咲ちゃんが？　はて綿羊（面妖）な。

---

**説文**　甘い。「羊」「大」から構成される。「羊」は六畜（馬・牛・羊・豚・犬・鶏）のうち主として料理に供された。「美」と「善」とは構成の意は同じである。

# 抱

## この腕にそっと包みこんで

ご隠居　熊、なんか生温かいよ。妙な物を頭に乗せるんじゃありま……うわっ、子犬じゃないか。

熊　そう、わが愛犬「のんき」の子どもだよ。

ご隠居　へえ、そうなのかい。可愛《かわい》いねえ。ちょっと抱かせておくれよ。

熊　はいよ。ご隠居、犬を抱いてるっていうより孫を抱いてるみたいだぜ。こうやってみると「抱」って字もなかなかうまく出来てるよな。

ご隠居　どうしてだい。

熊　「抱」って字は「扌」（手偏）に「包」だろ。つまり抱くってことは「手でつつむ」ってことだろ。

ご隠居　うん。「包」って字は、もともと「**包**」って書いてたんだよ。

熊　えっ、「己」じゃなくて「巳」だったのかい？

ご隠居　そうなんだ。一説によると、この「巳」っていう字が、胎児の姿だっていうんだな。

熊　でも、巳年《みどし》なんて言うし、巳はヘビのことじゃないのかい。

ご隠居　一般的にはね。でも、「**巳**」が頭と体が出来かけた胎児だって書いてある辞書もあるんだ。ほら、胎児の初期の頃は、オタマジャクシのようにも見えるじゃないか。

熊　まあ、そう言われてみれば、ヘビやオタマジャクシに見えなくもないけどな。

ご隠居　そうだろ。だから、「**包**」はお母さんのお腹《なか》の中に赤ちゃんがいる様子を表した字だっていうんだな。

熊　それで「つつむ」って意味になるのかあ。

ご隠居　そう。まんじゅうのことを中国では**包子**《パオズ》っていうんだ。ほら、肉やあんこが皮に包まれてるだろ。

熊　ほう、なるほどねえ。あれ、おちびさん、ご隠居の腕の中で気持ちよさそうに寝ちゃったね。

ご隠居　この温かさと腕にかかる重さが何ともいえず、幸せだねえ。

熊　そういや、娘の咲も赤ちゃんのときは、こんな感じだったなあ。

ご隠居　親が子どもを抱くってことは、その子の人生を抱えることだからね。熊も、もう一踏ん張りしないと。

---

**説文**　引いて取る。「手」から構成され、「孚」が音。「抱」は「捊」の異体字で、「包」から構成される。

# 父

## オノを担いで一族を統率

咲　ご隠居さま、愛犬「のんき」の子ども見た？

ご隠居　ああ、この前、熊が連れてきたよ。可愛《かわい》いねえ。

咲　でしょ。でも、大変なんだよ。お父ちゃんが子犬の名前を勝手につけてさ……。

ご隠居　ほー、どんな名前をつけたんだい。

咲　のんきの子どもだから「ゆうき」だって。もう、わけ分かんない。

ご隠居　それほど悪くはないと思うけどねえ。

咲　えーっ！　もっと格好いい名前がいいよ。アーサーとかシーザーとかさ。

ご隠居　そうかねえ。

咲　文句言ったら、「父親の言うことを聞けないのか！」って、こういうときだけ父親を主張するんだもん。大体「父」って字はバッテンに耳がついてるだけじゃない。つまり、家で一番駄目な人ってことでしょ。

ご隠居　相変わらず厳しいなあ。バッテンに耳かあ。なるほど、そりゃ面白い。

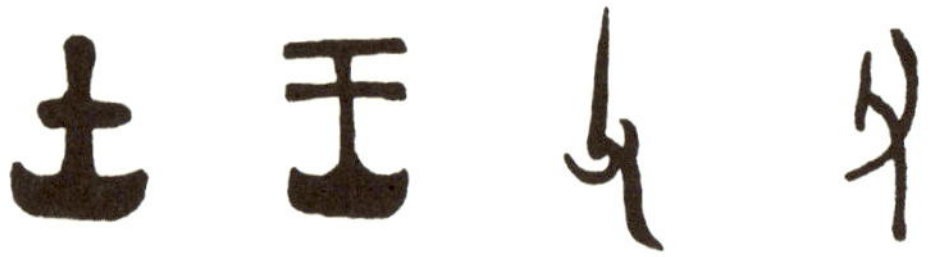

甲骨文　父　　金文　父　　金文　王　　金文　士

でも、もともと「**父**」って字は、「手に斧《おの》を持つ姿」だとか、「手に鞭《むち》を持つ姿」だとか言われてるんだよ。

咲　なんだ、そうなんだ。でも随分、物騒なもの持ってるんだね。

ご隠居　うん。斧は「指揮権の象徴」だって言われててね。「**王**」や「**士**」って字も「斧」とか「鉞《まさかり》」が元になってるらしいんだ。「**鞭**」にも同じような意味合いがあるようだよ。

咲　指揮権の象徴って？

ご隠居　つまり、**父**っていうのは、一族を統率する人っていうことだな。

咲　うちの場合、お父ちゃんよりお母ちゃんの方が、指揮権が強いよ。

ご隠居　ははは。うちも同様だよ。いまのご時世、お父さんよりお母さんの方が強いことが多いからねえ。

咲　ねえ、昔話に出てくる金太郎が、鉞担いでるのも何か象徴的な意味があるのかな。だって、子どもが鉞担いで熊にまたがってるんだよ。

ご隠居　うーん、なかなか面白い考え方ではあるね。子どもが鉞担いでる姿は、確かに「鉞？」（まさかね？）って感じだもんね。

咲　でしょ。それにしても、一方的に子犬の名前を決められるのだけは、やっぱり斧《おの》（Oh! No.）だな。

**説文** のり（規矩《キク》）。家長として〔のりをもって〕率い教えるもの。「又（＝手）」で杖《つえ》（丨）を挙げるようすから構成される。

# 母

## 命を与える大事なテン

熊　もう、びっくりしたぜ。せんだって、「ゆうき」が急にぐったりして、飯も水も受け付けなくなってさ。

ご隠居　あらら、可哀想《かわいそう》に。「のんき」の子どもだろ。大丈夫だったのかい。

熊　うん。かかあが抱きかかえてお尻の辺りをさすったら、治っちまった。

ご隠居　ええっ、どういうことだい？

熊　便秘だったらしいや。かかあが手当てしたら、どばーっと……。「人の子と同じだよ」だってさ。さすが、母は強しだな。かなわねえや。

ご隠居　へええ、そりゃ、すごいねえ。熊の言うように、まさに母は強しだね。なにしろ、「**母**」って字そのものが、子どもに命を与える姿を描いたものだって言われてるからね。

熊　命を与える？

ご隠居　そうなんだ。大昔の甲骨文字なんかを見ると、「**女**」に乳房を表す点が二つ付いたのが、「**母**」って字なんだな。

甲骨文

金文

熊　なるほどねえ。子どもに命を与える象徴が、母の乳房ってことだったんだな。確かに生まれたばかりの赤ちゃんは、母乳が生命線だろうからな。

ご隠居　今じゃ、粉ミルクなんかがあるけど、大昔はね。

熊　ふーん。そう思うと、母って字を略して「毋」なんて具合に書いちゃいかんな。

ご隠居　まあ、手書きで略す場合はあるけどね。でも本来、「毋」と「母」は別の字だったんだよ。「毋」は「ブ」とか「ム」なんて読んで、「ない」とか「なかれ」って意味なんだな。

熊　そうなのかい。じゃ、「梅」や「毎」の「毋」の部分は、「母」じゃないってことなんだな。

ご隠居　いや、これはそうじゃないんだな。「梅」とか「毎」の「毋」の部分は、もともと「母」だったんだよ。「梅」や「毎」みたいにね。戦後、字体を簡単にするために、略字を使うようになったんだな。

熊　なんか、ややこしいな。それにしても、かかあには頭が上がらねえや。「はは（母）、のんきだね〜」なんて言ったらバチが当たるな。

ご隠居　そりゃそうだよ。しかも、生きる勇気をもらったのは、「のんき」じゃなくて「ゆうき」だしね。

---

**説文**〔子どもにとって牛を養育する〕牧人のような存在。「女」から構成され、子どもを抱く形に象《かたど》る。一説に、子どもに乳を与える形に象る、とする。

# ローマ字に音をゆだねる

咲　ご隠居さま、このビラを見て。見たことのない字が書いてあるんだよ。ほら、これ。新入生歓迎って書いてあるでしょ。その下の「⿸广K⿸广O」。ローマ字の「K」と「O」に「广」（まだれ）がついてるでしょ。

ご隠居　ああ、これね。慶応（應）大学ってことだよ。

咲　えー、そうなの？　漢字のテストで書いたらバッテンだよ。

ご隠居　そうだね。でも、手で書くときに、画数の多い字をこんなふうに略して書くことがあるんだよ。

咲　確かに画数が多いと、早く書いたりするときには面倒だけど……。それにしても、誰が考えたのか知らないけど、漢字の部首とローマ字を組み合わせるなんてよく考えついたね。ＫＯでもいいのに。

ご隠居　それだとノックアウトの意味になるからね。新聞社じゃ、警視庁のことをうちうちでＫＣ庁なんてふうに使ったりするらしいよ。

咲　へー、面白いというか横着というか。

甲骨文

金文

ご隠居　「けいおう」を「KO」、「けいし」を「KC」って具合に、音だけをローマ字に当てはめたものなんだ。

咲　なるほどねえ。日本語って漢字や平仮名、片仮名、ローマ字って具合にいろんな文字を使うから面白い発想が生まれるんだろうね。

ご隠居　そうかもね。普段見かける漢字にも、同じようなものがあるんだよ。

咲　えーっ、どこにそんな字があるの？

ご隠居　**珈琲**って字、見たことないかい。カフィ、つまり外来語のコーヒーの当て字なんだが、「**王**」の横の「**加**」がカ、「**非**」がフィって音なんだな。

咲　ああ、そうなんだ。

ご隠居　同じコーヒーの当て字でも、中国だと「**咖啡**」って口偏になるんだ。

咲　日本と中国じゃ、使う漢字が違うんだね。コーヒーって飲むもんだから口偏は理にかなってるけど、王（玉）偏(※)の方が高級感が出るね。

ご隠居　そういう見方も出来るね。もともと「**珈**」は女性のかんざしにつける宝飾のことで、「**琲**」は数珠のように並べた真珠のことなんだってさ。

咲　そうなんだ。そういえば、お父ちゃんは年珈琲《カフィ》（年甲斐《がい》）もなく、コーヒーは苦くて駄目なんだって言ってたよ。

ご隠居　そうそう。昔、見え張ってコーヒー飲んで、目を回してKOだったね。

※「球」（87ページ）参照。

**説文**【慶】出かけて人に祝賀する。「心」「夊（＝行く）」から構成され、吉礼には鹿皮《しかがわ》を礼物とするので、「鹿」の省略形から構成される。

#【不】

## 飛ぶ鳥にあらず、ガクーッ

熊　みごとな桜じゃねえか。桜の季節になると、咲の小学校の入学式なんか思い出して、咲の成長と時の流れの早さを感じるんだよな。

ご隠居　そうだね。あたしくらいの年になると、成長って言葉とは縁遠いからね。

熊　おれは**不惑**を越えても迷いっぱなしだし。

ご隠居　ははは。熊、桜の下にいるからじゃないけど、不惑の「不」が、花に縁がある字だってこと、知ってるかい(※)。

熊　「不」って「**不自由**」とか「**不慣れ**」なんて、言葉を打ち消すときに使う字だろ。

ご隠居　うん、そうだね。「なし」とか「あらず」なんてふうに、状態や行為を否定する場合に使うことが多いよね。でも、中国の古い字書の『**説文解**《せつもんかい》**字**《じ》』には、「**不**」っていう字は「鳥が天に向かって飛び上がる形」だって、書いてあるんだ。「不」の一番上の横棒が、天を表してるっていうんだな。

熊　へえ、なるほどね。そう言われてみれば、「不」って字の形が、天に向かっ

甲骨文

金文

て空を飛ぶ鳥のように見えてくるから不思議だな。

ご隠居　鳥が飛び去って下りてこない、それで否定の意味に通じるっていうんだ。

熊　鳥が下りてこないって……、そりゃ、ちょっと無理があるんじゃねえのかなあ。鳥だって疲れちまうよ。

ご隠居　うん。甲骨文字が発見されてから、「**不**」は鳥とは関係ないというのが定説になってきたようでね。

熊　それじゃ、甲骨文字の形が、花との縁を示してるのかい。

ご隠居　そう。花の台《うてな》、つまり蕚《がく》の姿だっていうんだ。中国最古の詩集といわれている『**詩経**《しきょう》』のなかに「鄂不韡韡《がくふいい》たり」って具合に使われてるんだ。

熊　そりゃ、どういう意味なんだい？

ご隠居　「**鄂**」って字は「**蕚**」と同じ意味で、**鄂不**は「花の蕚」のこと。**韡韡**は「輝くように盛んな様子」のことをいうんだな。

熊　ふーん。「不」ってのは、否定を表す記号みたいなもんだと思ってたけど、意外な歴史を抱えてるんだな。

ご隠居　咲ちゃんだって毎年咲く桜とともに、人生の歴史を刻んでるってことさ。不惑ション（ファックション）！　ほら、照れくせえことというから……

熊　花冷えだよ。ご隠居、一杯飲みに行こうや。

※「杯」（62ページ）参照。

**説文**　鳥が飛んでまい上がったまま下りてこないのである。「一」から構成され、「一」は天である。象形。

# 諦

## よく見て本質を見極めて

咲　お母ちゃんが風邪ひいて寝込んじゃってね。お父ちゃんは仕事で帰ってこられないいし、私が晩ご飯の支度しなくちゃならないんだけど、明日はテストがあるんだ。どうしよう。

ご隠居　おうおう、息せき切って。大丈夫だよ、安心おし。晩ご飯は、うちのを取り分けて持っていくから。

咲　ほんとに？　ありがとう。よかったあ。明日のテスト諦めようかと思ってたんだ。

ご隠居　諦めちゃいけませんよ。なんたって「**諦**」って字は、もともと「つまびらかにする」って意味なんだからね。

咲　つまびらかって？

ご隠居　明らかにするってことさ。「**諦める**」は「**明らめる**」ってことなんだよ。

咲　へえ、面白いね。理解度を明らかにするのがテストか。ちょっと、げんなりだけどなあ。

ご隠居　ははは。奈良時代には、花や景色を見て心を晴れ晴れさせることを「あきらむ」って言ってたんだよ。

咲　へー、雰囲気あるね。

ご隠居　仏教では、「**諦**」は「悟り」って意味にも使われるんだ。

咲　悟り？

ご隠居　うん。**諦観**《ていかん》って言葉はもともと、「よく見て本質を見極める」ってこと。**諦念**は「道理を悟った心」っていうことなんだ。今じゃ、「断念する」って意味で使うことの方が多くなったんだけどね。

咲　いつから「断念する」っていう使い方になったの？

ご隠居　江戸時代には、「心に定めて迷いを断ち切る」って使い方があってね。どうも、そのころからのようだね。

咲　断念ねえ。そうかあ、断念（残念）だよなあ。

ご隠居　……って何をじっと。ああ、分かったよ。この団子、持っておいき。これ、最後の一つだったんだけどなあ。

咲　へへ、ありがとう。代わりに、これあげるね。

ご隠居　キャラメルかい。はい、はい。あたしゃこれで団子を、あキャラメル（諦める）よ。

---

説文　審《つまび》らかにする。「言」から構成され、「帝」が音。

#【廿】

## 十が二つ並んでひと文字に

熊　おや、珍しいもの持ってるね。へらかい？

ご隠居　何言ってんだろうね。へらじゃないよ、しゃもじだよ。広島の厳島《いつくしま》神社に行ってきたんだ。名物だっていうから、お土産に買ったのさ。熊にも一つあるんだよ。

熊　うれしいねえ。へえ、「世界遺産厳島神社」って書いてあるじゃねえか。ん？　ここの記号みたいな字は何だい。

ご隠居　ああ、神社の所在地だね。**廿日市市**は「**はつかいちし**」って読むんだ。きっと、毎月二十日に市が立ったんだろうね。

熊　「廿日」で「はつか」ねえ。「甘」って字と似てるけど、それとは関係ないのかい。

ご隠居　うん。残念ながら「甘」とは関係ないんだな。ここでは「**廿日**」と書いて「**はつか**」だけど、「**廿**」はこれだけで「**にじゅう**」って読むんだ。

熊　「廿」が「にじゅう」？

甲骨文

金文

ご隠居　「廿」は「十」を横に**二つ**並べたもので、同じように「十」を横に**三つ**並べて「卅」（さんじゅう）ってのもあるんだよ。

熊　漢字っていうより記号みたいだな。ローマ数字の「Ⅰ」とか「Ⅱ」みたいにさ。

ご隠居　「一」や「二」もそうだけど、数字を表す字は記号みたいに見えるかもしれないね。「十」は昔の中国で計算に使った棒の形からきてるらしいよ。ただ、「廿」は読みがちょっと変わってるんだな。

熊　十が二つで「にじゅう」だろ。何が変わってるんだい。

ご隠居　「二」を「ニ」、「十」を「ジュウ」って読むのは**音読み**なんだが、**廿**の「にじゅう」は**訓読み**なんだよ。

熊　ってことは、「廿」の音読みが別にあるのかい？

ご隠居　そうなんだ。「廿」の音読みは「**ネン**」とか「**ジュウ**」「**ニュウ**」っていうんだけど、一般的にはあまり使わないだろうね。

熊　訓の「にじゅう」が、音だと「ジュウ」？　音読みだと訓読みの場合の半分になっちまうな。とにかくこれからは「廿日」が読めないと……。

ご隠居　「はつかしい」とでも言うんだろ。お前さんの考えそうなことは廿々《じゅうじゅう》（重々）承知してるよ。

---

**説文**　二つの「十」の合併である。古文で、省略した字形である。

# 晃

## 日光を一字に詰め込み中国風

咲　ご隠居さま、日光東照宮を素通りしてまで来たかったのが、ここなの？にあらやま神社って言うの？

ご隠居　ははは、お咲ちゃん。そうじゃなくて、**二荒山**と書いて「ふたらさん」って読むんだよ。

咲　あ、そうなんだ。ここが日光の由来と縁が深いって言ってたところなの？

ご隠居　うん。中禅寺《ちゅうぜんじ》湖《こ》の脇にある男体山《なんたいさん》の別名を**二荒山**といって、昔から信仰の対象になってるんだよ。

咲　学校で習ったよ。男体山の西側の麓が戦場ヶ原で、南側の麓が中禅寺湖だって。男体山の姿が富士山に似てるから、別名が日光富士だっていうのは覚えてるんけどなあ。なんで二荒山って言うの？

ご隠居　諸説あるんだが、二荒山っていうのが**補陀洛山**《ふだらくさん》からきてるっていうんだ。

咲　補陀洛山って？

ご隠居　中国の唐代に玄奘《げんじょう》っていう僧がいて、『**西遊記**《さいゆうき》』の元になった旅行記

『大唐西域記《だいとうさいいきき》』を残してるんだ。

咲　『西遊記』って、孫悟空《そんごくう》とか猪八戒《ちょはっかい》なんかが出てくる話だよね。

ご隠居　うん。その中にポータラカ山っていう観音菩薩《かんのんぼさつ》が住む浄土について書かれていて、その様子が男体山周辺とよく似てるんだって。**補陀洛**はサンスクリット語のポータラカに漢字を当てたものなんだよ。

咲　あれ、チベットにもポタラ宮っていうのがあるよね。もしかして……。

ご隠居　そう、ポタラ宮の名前も由来は同じなんだよ。補陀洛の「ふだらく」っていう読み方が、次第に「ふたら」に変化していったんだろうね。この「ふたら」って読みに「二荒」って字を当てはめて、さらにこれを音読みして「にこう」。これをさらに「**日光**」って書くようになったんだな。

咲　えー、読み方と漢字の書き方が、二転三転だね。

ご隠居　うん。さらに江戸時代の漢学者が、もともとあった「晃」という字を日光の意味に当てはめて、二荒山を「**晃山**」と書いたんだ。これを「こうざん」と中国風に読ませたりもしてるんだ。

咲　「日」と「光」で「晃」かあ。そこまでいくと「どんだけ〜」って感じだね。

ご隠居　お咲ちゃん、そりゃ、二荒山《にこうさん》じゃなくて美容家のＩＫＫＯさんだよ。

---

**説文**　明るい。「日」から構成され、「光」が音。

# 【忙】

## 心ここにあらず、ボー然

熊　ゴールデンウイークって、なんでみんな忙しい思いして出かけるんだろうなあ。俺は家でボーッとしてる方がいいと思うんだけど。

ご隠居　まったく同感だね。でも、面白いねえ。

熊　なにが面白いんだい。

ご隠居　いや、なにね。忙しいの「忙」ってのは、熊が言ったボーッとするってのとはチト違うんだけど、「気が抜けたようにぼんやりする」って意味があるんだよ。

熊　へーっ。「忙」は、「忄」（りっしん偏）と「亡」で出来てるから、「心」が「亡くなる」ってことなんだろうな。

ご隠居　そうだね。「忙」は「心が冷静でなくなる状態」をいうんだな。だから、「茫然《ぼうぜん》」を「忙然」って書いたりもするんだ。

熊　つまり、忙しいってのは、あれこれ事に追われて、心ここにあらずってことをいうのかい。

ご隠居　そういうこと。「忙しい」って形容詞だろ。この動詞が何だか分かるかい。
熊　「忙しい」の動詞？
ご隠居　そう。これが驚くなかれ、「**いそぐ**」なんだ。
熊　ご隠居、冗談も休み休み言ってくれよ。驚くもなにも、「いそぐ」は「**急ぐ**」だろ。字が違うじゃねえか。
ご隠居　漢字だとね。でも、もともと日本語じゃ「いそぐ」と「いそがしい」は同じ仲間の言葉だったんだよ。
熊　そういや、娘の咲が小さい頃「いそがしい」を「急がしい」って書いてたことがあったな。
ご隠居　間違えるのも、もっともだと思うよ。古代中国でも、「急」には「いそがしい」って意味が生じてたようだしね。
熊　へえ、日本語だけの話じゃないのか。
ご隠居　「**急**」は「気がせく」って意味だから、「**忙**」と感覚が似てるんだろうね。
熊　そりゃ、美人を見かけたときと同じ感覚だな。
ご隠居　急になんだい。
熊　美人を見かけると、心急《せ》くし（セクシー）ってね。どうだい。
ご隠居　頭冷やしといで。

# 【仕】

## 「す」が「し」になり、「し」が…

咲　春の球技大会でドッジボールやったんだよ。

ご隠居　ほう。で、結果は？

咲　一回戦敗退。そしたら男子が負けた原因をなすりあって、お互いの悪口合戦始めちゃってさ。もう、がっくり。

ご隠居　そりゃ、いただけないねえ。試合の後に「どろじあい」じゃ。

咲　「どろじあい」って？

ご隠居　ああ、互いに相手の個人的な弱みなんかを暴いて言い争うことさ。

咲　男子って子どもだからなあ。一試合終わって、さらに泥のような試合するんじゃ、身が持たないのにねえ。

ご隠居　いやいや、お咲ちゃん。そうじゃないんだ。「泥試合」じゃなくて「**泥仕合**」って書くんだよ。

咲　えっ、試合じゃなくて仕合って書くの？

ご隠居　うん。**試合**より**仕合**って書き方の方が古くからあるんだけど、両方とも

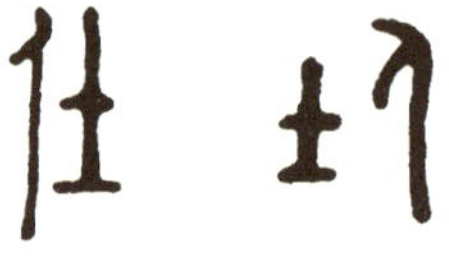

古璽文　金文

当て字じゃないかって言われてもいるんだ。

咲　えーっ、当て字？　それじゃ、もともとは違う字で書いてたってこと？

ご隠居　そう。本来なら「**為合**《しあい》」とでも書くところかな。「為」は「する」って意味でね。「しあい」は、互いに何かを「しあう」ことなんだ。

咲　「腕試し」なんて言葉があるから、試合って書くのは分かるんだけどな。

ご隠居　泥仕合って言葉には、古い書き方が残ったようなんだな。「する」っていう動詞は、昔の言い方だと「す」って言うんだ。それが活用して「し」になったものに「仕」っていう漢字を当てはめたんだ。

咲　「す」が「し」で「仕」？

ご隠居　うん、難しいことはともかく、次第に為合の「為《し》」が「仕合」って具合に、「仕」を使って書くようになったんだな。「**仕事**」「**仕打ち**」「**仕立て**」なんて場合の「仕」も、同じなんだよ。

咲　何だかこんがらがって、頭痛くなってきた。もう、おしまいにしよう。

ご隠居　それも「**仕舞**《しま》**い**」なんてふうに書いてね。商売をやめた家を**仕舞屋**《しもたや》なんて言って……。

咲　ああ、ご隠居さま止まらなくなっちゃったよ～。こりゃ、お仕舞屋《しまいや》（おしまいだ）。

---

**説文**〔官制上の職務を〕学ぶ。「人」「士(＝仕事をする人)」から構成される。

# 着

## 長年連れ添えば、姿も変わる

ご隠居　え、携帯電話から音楽が流れるってのかい。

熊　そうだよ。着信メロディーっていうんだ。そんなことも知らないのかい。

ご隠居　いやー、まったく。でも、すごい時代になったもんだねえ。

熊　しかも、これにも著作権ってのがあるんだってさ。着信メロディーの著作権、舌かみそうになるけどな。

ご隠居　へえ、そうなのかい。着信メロディーの著作権ねえ。ま、舌がもつれるくらいにはなるかもしれないね。

熊　なんでだい？

ご隠居　着信の「**着**」ってのは、もともと「**著**」（著）と同じ字だったんだ。

熊　えっ、「着」が「著」？　確かにもつれてるな。

ご隠居　「**著**」ってのは、「あきらか」「あらわす」の他に、「きる」「つく」って意味もあってね。その音も「**チョ**」だけじゃなくて、「**チャク**」ってのも持ってるんだな。

熊　「きる」って服を身につけるってことかい？

ご隠居　そう。「著」を手で書いたりしてるうちに「着」って形になって、それが世間一般に広まって定着したってわけさ。

熊　ってことは、「**着信**」を「**著信**《ちゃくしん》」って書いても、あながち間違いじゃないってことかい。

ご隠居　うん。学校でそう書いたら間違いってことになるだろうけど、辞書によっては著信って書き方も載ってるからね。

熊　へえ。でもまあ、今どきの人が、著を「チャク」って読むことはほとんどないだろうな。

ご隠居　そうだね。今じゃ「**着**」は「**チャク**」って音で「つく」「きる」って意味になり、「**著**」は「**チョ**」と読んで「あらわす」なんて意味になって、役割がそれぞれ分かれてきたからね。どうも、「着」と「著」の役割分担は日本だけじゃなくて、中国でも同じらしいんだよ。

熊　ふーん、長年連れ添えば、姿形や役割も変わっていくってことかあ。ま、うちのかかあと同じようなもんだな。え、駄目駄目、それ以上は言いませんよ、それ以上は……。

ご隠居　熊、そりゃ俗にいう着信（確信）犯ってやつだね。

# 【豊】

## マメの器に実りがいっぱい

咲　お庭の畑でこんなにソラマメとれたんだよ。

ご隠居　家庭菜園でかい？　こりゃ、見事だ。

咲　大豊作だから、おすそ分けに持ってきたんだ。

ご隠居　そりゃ、ありがとう。早速ゆでて、いただこうかね。お咲ちゃんが大きなザルに山盛りのソラマメを頭に担いでる姿は、豊作の「豊」の字を彷《ほう》彿《ふっ》させるね。

咲　え、なんで？

ご隠居　「**豊**」は、長い脚の付いた器に、アワやヒエなんかの穀物を盛った形から出来たって言われてるんだ。

咲　でも「豊」は「曲」と「豆」で出来てるでしょ。長い脚が付いた器とかアワやヒエなんて、想像できないなあ。

ご隠居　そうだね。**豊**はもともと「**豐**」って書いてたんだ。お咲ちゃんが言う「**曲**」の部分は、「豐」って字の上の部分を略した形でね。「**丰丰**」の部分は実っ

甲骨文

金文

た穀物の様子を表してるらしいんだ。ほら、稲穂や麦が実ったようにも見えるだろ。

**咲**　そうだね。確かに穀物が実ったように見えるね。ってことは、ご隠居さまが言った「長い脚の付いた器」っていうのは、**豆**の部分が表してるってことになるの？

**ご隠居**　そういうこと。かつて中国では、植物のマメと、高坏《たかつき》っていう脚の長い器の発音が一緒だったんだ。で、もともと器の意味だった「**豆**」が、次第に植物のマメの意味で使われるようになったんだな（※）。

**咲**　「軒を貸して母屋を取られる」みたいだね。

**ご隠居**　うん。祭祀《さいし》のときに、器に穀物をたくさん盛って神に捧《ささ》げるなんてことから、「おおい」「ゆたか」って意味になったんだ。おっ、ソラマメがゆで上がったようだよ。一緒に食べようか。

**咲**　わあ、おいしそう。あれ、さっきザルを頭に乗せた姿が「豊」に似てるって言ったよね。ザルから下の部分が器だから……えーっ！　私の体形はマメだってこと？

**ご隠居**　えっ？　いや、そんなソラマメみたいだなんて。そりゃ違うよ。あ、ほら、脚が長いってことで……。

※「豆」（175ページ）参照。

---

**説文**　豆（＝たかつき）がいっぱいに満たされているもの。「豆」から構成され、象形。

ホウ

レイ（禮〈礼〉の旁）

# 【活】

## 勢い、流れる水のごとし

ご隠居　知ってるかい。向かいの家の息子さん、この春から会社勤めだってさ。

熊　早いもんだねえ。ついこないだまで、鼻水垂らした泣き虫坊やだったのに……。それにしても、不景気なこのご時世に仕事が決まってよかったじゃねえか。きっと就活《しゅうかつ》頑張ったんだな。

ご隠居　なんだい、そのシューカツって。

熊　やだね、知らないのかい。就職活動のことだよ。略して**就活**。近頃じゃ結婚相手探しを**婚活**、保育園探しを**保活**なんて言うらしいぜ。

ご隠居　何でも省略すればいいいってもんじゃないと思うんだけどねえ。

熊　時代についていけないからって、ひがんじゃ駄目だっての。はやり言葉っぽくていいじゃねえか。便利だし。そういや、**活動**の「活」には「氵」(さんずい)がついてるけど、水と関係があるのかい。

ご隠居　「カツ」って音が、勢いよく流れる水の様子を表しているって言われてるんだな。それで「いきいきとした様子」「いきる」「くらす」って意味

を表すようになったんだ。

熊　確かに、**活気**とか**活躍**なんて使い方には、いきいきした感じがあるよな。

ご隠居　チームに活を入れる、なんてふうにも使うだろ。

熊　あれ？　ご隠居、そりゃ違うんじゃないか？　「喝を入れる」って書くのが普通じゃないのかい。

ご隠居　そりゃ、違うんだよ。「一喝」するときにはそれでいいんだけど、「かつをいれる」って場合は、一般的には「**活を入れる**」が正解だね。

熊　そうなのかい。でもさ、活には「**舌**」がついてるのに、なんで「ゼツ」じゃなくて「カツ」って読むんだい。

ご隠居　ああ、舌の部分はもともと「**𠯑**」って書いてたんだ。これが「カツ」って音を表してたようなんだな。一説には、力を加えて物を動かすっていう意味だとも言われてるんだよ。「括」とか「刮」、「話」の舌の部分も「**𠯑**」だったんだよ。

熊　もともとは「舌」じゃなかったってわけか。なるほどねえ。

ご隠居　いい時間だねえ。赤提灯《ちょうちん》で就活ならぬ酒活としゃれ込まないかい？

熊　今月はカツカツでね。うカツなことはできねえよ。

ご隠居　そうかい。じゃ、豚カツ食べて勢いつけよう。あたしがおごるよ。

---

**説文**　川の流れる音。「水」から構成され、「𠯑」が音。

# 保

## 産着に包んで守ってあげる

ご隠居　あれま。お咲ちゃん、赤ちゃんをおぶったりして、どうしたんだい。

咲　可愛《かわい》いでしょ。親戚のお姉さんの子どもなんだ。

ご隠居　へえ、こうして赤ちゃんをおぶってる姿を見ると、お咲ちゃんもぐっとお姉さんに見えるねえ。

咲　へへ、そう？　私、大きくなったら保母さんになりたいなあって思ってるんだ。

ご隠居　保母さんかあ、そりゃ、いいねえ。保母さんの「**保**」って字は、赤ちゃんをおぶってる姿だとも言われててね。お咲ちゃんの今の格好はピッタリじゃないか。

咲　へえ、そうなの？　赤ちゃんをおぶってる姿なんだ。

ご隠居　うん。「**保**」は「**亻**」（人偏《にんべん》）と「**呆**」で出来てるっていう説があってね。この「**呆**」の部分が、産着をまとった子どもの姿だっていうんだな。

咲　産着を着てる姿をかたどるなんて、赤ちゃんって昔から大切にされてた

甲骨文

金文

んだね。

ご隠居　そうだね。**保**は産着で包んで大切に「まもる」とか「たもつ」なんて意味があるんだ。こうした意味に当てはまる言葉に「**保護**」「**保有**」なんてのがあるんだ。

咲　**保母**さんは、子どもを守る人ってことなんだね。

ご隠居　そうだね。守るってことから「やすんずる」って意味も生まれて「**保安**」。「**保証**」「**担保**」は、責任を持って請け負うってこと。

咲　「保」って字は、「産着」が重要な意味を持ってるの？

ご隠居　うん。「**保**」だけでも「産着」とか「おむつ」って意味があるんだ。「ネ」（ころも偏）をつけて意味をはっきりさせたのが「**褓**《むつき》」って字なんだよ。

咲　「おむつ」のことを「**むつき**」って言うんだ。

ご隠居　**襁褓**《むつき》って書いたりもするんだよ。

咲　ご隠居さま、なんか背中がじんわり温かいんだけど。

ご隠居　お漏らししちゃったかな。どれどれ……。

咲　わあ、ご隠居さま手際がいいねえ。おむつの交換くらい出来ないと、保母さんになるのは保母（ほぼ）無理ってことだねえ。

ご隠居　そんなことはないさ。オツムで考えるよりオムツに慣れればいいのさ。

---

**説文**　やしなう。「人」から構成され、「𤓽」の省略形から構成される。

# 【脇】

## 同じ根から違う実がなる

ご隠居　熊、このパズル面白いよ。漢字の部品を組み合わせて字を作るんだ。

熊　興味ねえな。

ご隠居　まあ、そうつれないこと言わずにさ。「月」が一つと「力」が三つ。これを組み合わせて出来る字は何だと思う？

熊　えー、月と力、力、力……あ、「脇」だ。

ご隠居　そう、正解。でも、もう一つあるんだ。

熊　もう一つ？

ご隠居　そう……「脅」。

熊　なるほどね。「脇」と「脅」か。同じ部品で出来てても、形と意味は全く違う字になるんだな。

ご隠居　まあ、普通そう思うだろうね。でも「**脇**」は、もともと「**脅**」と同じ字だったんだよ。

熊　え、同じ字？　そんな冗談を。

金文

ご隠居　いや、冗談じゃないよ。「**脅**」って字が使われていくうちに、次第に**月**（にくづき）の部分が、「**劦**《キョウ》」の下から左に動いて「**脇**」って形になったんだな。こういうのを**異体字**っていうんだ。

熊　へえ、根っこは同じってわけか。それなら「**嶋**」と「**嶌**」も、「**島**」の異体字ってことだよな。

ご隠居　そういうことだね。

熊　でも、この三つの字は、形は違うけど意味は同じ「しま」だろ。でも、**脅**は「おびやかす」、**脇**は「わき」で、意味が違うじゃねえか。

ご隠居　確かにね。でも、「**脅**」には「わきばら」「かたはら」って意味もあるんだよ。「**劦**」の部分が耒《すき》を並べた形で、肋骨《ろっこつ》に似てるからって説もあるくらいだからね。

熊　へえ。それじゃ、たまたま異体字の「脇」が「わき」って意味として、独立したってことなのかい。

ご隠居　そういうこと。でも、同じ部品で出来てる「**集**」と「**椎**《ツイ》」、「**細**」と「**累**」は、それぞれ元から別の字なんだよ。根っこはつながってないんだ。

熊　「脅」と「脇」は、DNAでつながってる俺と咲みたいなもんだな。

ご隠居　お咲ちゃんとしては、その話は脇に置いときたいだろうねえ。

---

説文　【脅】両わき。「肉」から構成され、「劦」が音。

# 鞭

## 厳しくパシッと指導して

ご隠居　なになに？「ご指導、ご鞭撻《べんたつ》のほど、よろしくお願いします」かあ。へえー、随分難しい言葉を知ってるんだね。

咲　へへー、暑中見舞いのあいさつ文を考えてたんだ。

ご隠居　そりゃ、また随分早手回しだねえ。それにしても、少し硬すぎないかい？お咲ちゃんが使うと、かなり背伸びした感じがするなあ。

咲　やっぱりそうかな。ちょっと迷ったんだけどね。実は、お母ちゃんに届いた葉書にそう書いてあったから、まねしたんだ。ご鞭撻なんて、格好いいじゃない。

ご隠居　まあ、確かに分からんではないけどね。お咲ちゃん、「鞭撻」ってどういう意味だか知ってるかい？

咲　えっ、応援よろしくってことじゃないの？

ご隠居　まあ、そんなとこなんだけどね。「鞭」っていうのは、馬に乗ったときに使う、革で出来たムチのことなんだよ。「鞭」は「ベン」って音読み

金文　便

の他に、「むち」っていう訓読みもあるんだよ。

咲　革のムチかあ。それで「**鞭**」は「**革**」と「**便**」で出来てるのか。

ご隠居　そういうこと。「**便**」の部分が音を表してるんだ。

咲　「**撻**」は？

ご隠居　実は、これも「むち打つ」って意味なんだな。「事を怠り罪過ある者をむちで戒める」って書いてある辞書もあるんだよ。

咲　わあ、痛そうな漢字が二つ並んでるんだね。じゃ、「ご鞭撻のほどよろしく」っていうことは、「至らないことがあったら、どうぞムチで打って注意して下さい」ってことになるの？

ご隠居　ま、そういうことになるかね。あたしが子どもの頃なんか、学校の先生が黒板を指す細い棒を持っててね。悪さするとよく手の甲をパシッとやられたもんだよ。

咲　えーっ、痛そうだなあ。ただでさえ夏の暑いときなのに、暑中見舞いに「鞭撻」なんて脂汗が出そうな言葉使うの、やめようっと。

ご隠居　そうだね。その代わり、厚顔鞭《むち》（無知）な輩《やから》には、いつでもあたしが鞭を打ってあげるからね〜。ほーほほ！

咲　ご隠居さま、なんか目が鞭ゃ（ムチャ）怖いよ。

---

**説文**〔馬を〕駆りたてる。「革（＝かわ）」から構成され、「便」が音。

# 親

## 木の上に立って何を見る？

熊　いやー、実にいい話だったなあ。偉い先生が話すことは、奥が深いや。たまには、ああいう講演を聞きに行くのも悪くないな。

ご隠居　そうだね。でも、あたしゃ、きょうの話は気に入らないね。

熊　えっ、何でだい。親っていうのは子どもと同じ目の高さで見てちゃ駄目だ、子どもより少し高いとこで見守ってなくちゃいけないって。この話の何が気に入らないんだい。

ご隠居　いい話だよ、確かに。でも、その前段で「親」って字の成り立ちを使って説明したろ。

熊　ああ、「親っていう字は、**木**の上に**立**って**見**ると書く」って言ってたことかい。

ご隠居　そう、それ。気にくわないね。猿や鳥じゃあるまいしさ。

熊　随分な言いようじゃないか。

ご隠居　**親**って字は「**辛**」と「**木**」と「**見**」で出来てるとか「**亲**」と「**見**」で出

金文

来てるって説があるんだ。「立」と「木」と「見」で出来てるってのは、俗説なんだよ。

熊　へえ、そうなのかい。

ご隠居　「**辛**」は取っ手のついた大きな針のことでね。新しい位牌《いはい》を作る**木**を選ぶときに、この針を使ったらしいんだ。親って字は、その位牌を拝む姿だっていうんだな。

熊　ってことは、「**見**」が拝む姿ってことなのかい。

ご隠居　そうだね。位牌を拝むのは、「したしい人」だろ。そんなところから「身内」「おや」「父母」を指すようになったっていうんだ。

熊　もう一つの「亲」と「見」で出来てるって説は、どうなんだい。

ご隠居　これは「**亲**」が音を表してて、「近づいて自分で**見る**」って意味。それで「みずから」。そこから「したしい」とか「おや」って具合に広がったっていうんだ。

熊　なるほど。親が「木の上に立って見る」ってのは、話としては面白かったけど、漢字の解釈にはならないんだな。

ご隠居　そういうこと。せっかくの話も間違った解釈をしてたんじゃ、偉い先生だって両親（良心）が痛むだろうにね。

---

**説文**〔関係が〕極まっている。「見」から構成され、「亲」が音。

# 【申】

## 稲妻がたけり天空を走る

咲　この写真見て。奇麗なおサルさんでしょ。

ご隠居　おっ、オレンジ色っぽい毛と愛くるしい目元が何ともかわいいね。

咲　キンシコウって言って、孫悟空《そんごくう》のモデルなんだって。

ご隠居　うーん、そういう話もあるらしいけど、実際のところはそうじゃないんじゃないかとも言われてるんだよ。

咲　えーっ、そうなの？　なんだあ、孫悟空が出てくる『西遊記《さいゆうき》』も読んでみようと思ってたのに……。

ご隠居　まあ、そんなにガッカリしなくてもいいじゃないか。お咲ちゃんは、お咲ちゃんのイメージで読めばいいんだから。

咲　うん。ま、そうだね。イメージっていえば、サルは普通「猿」って書くけど、干支《えと》の場合には「申」でしょ。「猿」と「申」じゃ、字の雰囲気が違うよね。

ご隠居　**猿**は、「**犭**」（けもの偏＝犬の象形）と「**袁**」で出来てるだろ。で、「袁」

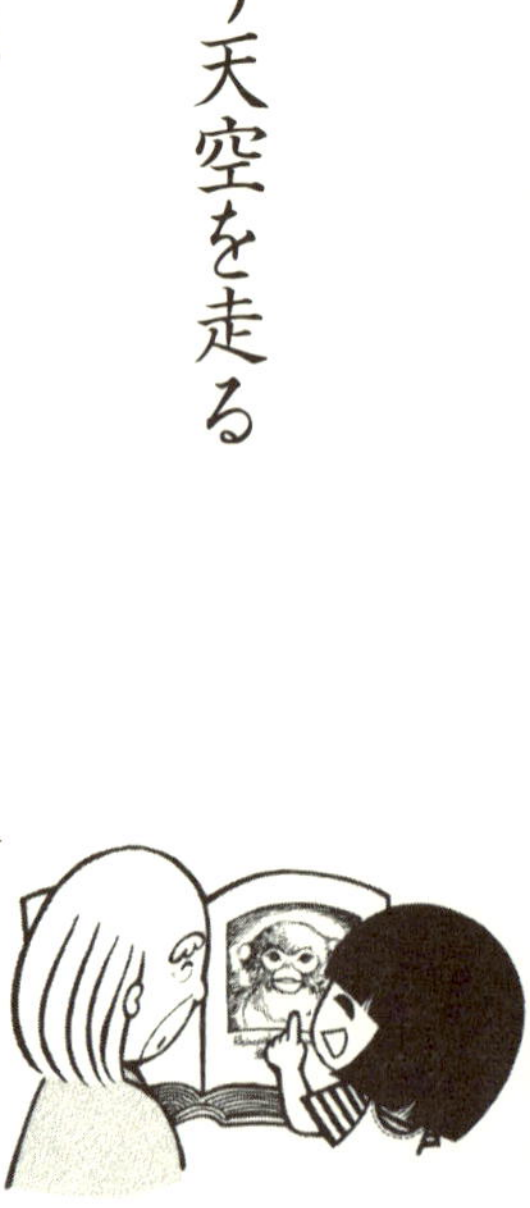

甲骨文

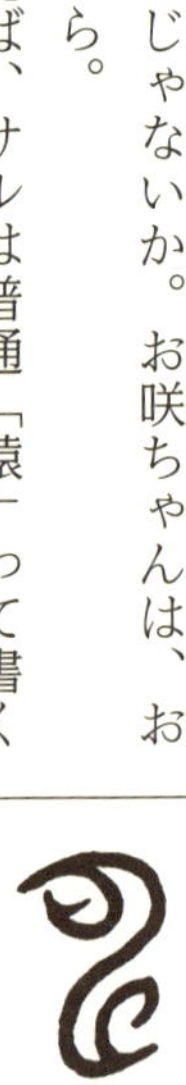

金文

の部分が「エン」って音を持ってるんだ。

咲　ああ、そうなんだ。

ご隠居　「**申**」は、もともと稲光が天空を走るようすを描いたものなんだそうだよ。「申」は「**神**」や「**電**」の元の字だっていうんだな。

咲　「ピカッ」と光る稲光と、「ゴロゴロ……バシーッ」っていう雷鳴は、神さまが怒ったみたいだもんね。

ご隠居　干支のサルに、なぜ「申」って字をあてたのかは、はっきりしないんだ。

咲　そっかあ。分からないのかあ。

ご隠居　申には、もう一つ説があってね。「**𦥑**」と「**|**」で出来てるっていうんだ。

咲　うまい具合に「𦥑」の間に「|」が当てはまるもんだね。

ご隠居　「𦥑」が両手を意味してて「手で真っすぐのばす」。この説によると「申」は「**伸**」の元の字ってことになるようだよ。「申」って簡単な字だけど、成り立ちの説明は、随分違うだろ。

咲　そうだねえ。申と猿のイメージが、キンシコウとゴリラくらい違うのも無理ないか。

ご隠居　そうかねえ。キンシコウとチンスコウくらいじゃないかい。

咲　チンスコウは沖縄の伝統的なお菓子で、おサルさんじゃないから。

---

**説文**　神《シン》である。〔「申」は〕七月に配され、陰の気が形成され、〔陰の〕本体は自ら申《の》びたり拘束したりする。「𦥑(=両手)」で自ら〔「|」〕を持つようすから構成される。官吏は夕食時に政務を治めるが、早朝の政務を申《かさ》ねてつまびらかにするためである。

# 〈策〉

## 竹のムチにはトゲがある？

熊　あっ、いてて！
ご隠居　だから、さっきから無理だって言ってるだろ。
熊　ご隠居、もう一回。
ご隠居　懲りないねえ。知りませんよ。えい！
熊　あたたっ……。やっぱり無理かあ、真剣白刃取り。
ご隠居　隠し芸になんて言うけど、素人がいきなり出来るわけないだろ。
熊　これが真剣だったら、もう五十回くらいあの世に行ってることになるな。
ご隠居　竹刀でも脳天打たれると結構痛いもんだね。
熊　そりゃ、そうだよ。竹はその昔、馬用のムチにも使ってたんだから。
ご隠居　そうなのかい。
熊　策士の「策」って字があるだろ。それは、竹とか先のとがった長い木でできたムチって意味だったんだよ。
熊　ええっ、そうなのかい？「策」のどこにそんな意味が隠れてるんだい。

金文

ご隠居　**策**って字は「**竹**」と「**朿**」でできてるだろ。「朿」がトゲの意味なんだ。これを縦に並べたのが「**棗**《なつめ》」。棗の幹や枝にはトゲがついてるからなんだってさ。で、朿を横に並べると「**棘**」で「とげ」とか「いばら」。

熊　それじゃ「**刺**」ってのもご同様かい。

ご隠居　うん、トゲっていう意味だった「朿」が、次第に細くて鋭いものを示すようにもなったんだ。だから「**刺**」は鋭利なもので突く、つまり「さす」ってことになるんだな。

熊　策略って言葉があるだろ。これはなにが鋭いって言うんだい。

ご隠居　そりゃ、「鋭い」ってこととは、ちょっと違うんだな。その昔、竹や木を薄く削った竹簡や木簡に文字を書いてたんだ。その総称を「**簡策**」って言うんだ。

熊　ああ、紙の代わりってわけだね。

ご隠居　そう。**策略**とか**策謀**ってのは、簡策に記した計略のこと。王が下した命令書を**策命**って言ったんだな。

熊　竹とトゲとの間にそんな関係があるなんて、剣道（見当）もつかなかったな。

ご隠居　竹刀だけに知んない、なんてね。

**説文** 馬用のむち。「竹」から構成され、「朿」が音。

# 鮨

## 始まりは「うまい」保存食？

咲　うれしいなあ。回転しないおすし屋さんに行くの初めてなんだ。へえ、この辺、随分おすし屋さんが多いんだね。

ご隠居　すし屋通りって言われててね。今日はごちそうするから、たんとお食べ。

咲　やったー。ね、あそこの看板、なんて読むの？

ご隠居　「鮨」かい。ありゃ「すし」って読むんだよ。

咲　「魚が旨《うま》い」って書くのかあ。なんか、おいしそうな字だねえ。でも、この店は「寿司」って書いてあるよ。

ご隠居　そうだね。ほら、あっちの店を見てごらんよ。「鮓」って書いてあるだろ。

咲　あらら。「**鮨**」「**鮓**」「**寿司**」……「**寿し**」っていうのもあるね。全部「すし」って読むの？

ご隠居　そういうこと。

咲　へえ、いろんな書き方があるんだね。

ご隠居　うん。すしの語源っていうのが「**酸《す》し**」らしいんだ。

咲　わああ、酸っぱそう。

ご隠居　そうだね。もともと「**鮨**」は魚醤《うおびしお》っていう塩辛みたいなもんだったようなんだ。「**鮓**」は塩や麹《こうじ》、糟《かす》なんかで漬け込んで、発酵させたものを言ってたようだよ。もっとも「鮓」も「鮨」も、次第に厳密な使い分けはなくなったようなんだけどね。

咲　ふーん。今の握りずしとは違うんだね。

ご隠居　そうだね。まあ、最初は保存食みたいなもんだったんだろうね。今風の握りずしは、江戸時代に出来たみたいだよ。

咲　それじゃ、寿司っていうのは当て字なの？

ご隠居　そうだね。「**寿司**」っていうのは、「寿《ことぶき》の司《つかさど》る」なんて読めて、おめでたい感じがするだろ。それで縁起がいいってことで広まったんだろうね。「江戸前の**鮨**」、「大阪の**箱鮓**」なんて、地域によって書き方にも傾向があるらしいよ。

咲　ああ、お腹《なか》空いてきた。何から食べようかなあ。やっぱり夏の子どもからいくかな。

ご隠居　なんだい、そりゃ。

咲　夏の子どもは、真っ黒（マグロ）がいいでしょう。

---

**説文** 魚肉の塩辛。蜀《ショク》郡のうちから産する。「魚」から構成され、「旨」が音。一説に、チョウザメの名、という。

# 【蛯】

## 長寿の願い残して中国風

熊　聞いたぜ、せんだって咲とすし屋に行ったんだって？　俺にも声をかけてくれればよかったのに。

ご隠居　だって、釣りに行くって聞いてたからさ……。

熊　海が荒れてるってんで取りやめたんだよ。

ご隠居　そりゃ、残念だったねえ。お咲ちゃんとたらふく食べてきちゃったよ。

熊　あーあ、これだもんなあ。俺は、エビが大好物なんだよ。しかもエビは、「**海老**」って書いて、海の翁《おきな》っていう意味があるくらい昔からありがたくいただくもんじゃねえか。祝宴のときにも供されるだろ。

ご隠居　うん。長いひげと曲がった体が老人のようなんで、長寿の縁起物として使われるんだ。正月の鏡餅につく海老のお祝い飾りは、江戸時代の初めころからあるらしいよ。

熊　ほら、ほら、そのありがたい海老を二人だけで食すなんて、この幸せ者！それにしてもさすが食の中国、奥が深いや。

ご隠居　熊、そりゃ違うんだよ。海老って書くのは、日本での当て字だからね。

熊　また、そういうことを……。海の翁なんて、いかにも中国の説話に出てきそうじゃねえか。

ご隠居　中国じゃ、エビは「蝦」って書くんだ。これには、ガマガエルの意味もあるようだし、エビにそういうありがたい感覚はないみたいだよ。

熊　えっ、何で虫偏《むしへん》なんだい。しかもガマガエルなんてさ。ありがたみのかけらもねえんだな。

ご隠居　小さめの生き物は**虫**で表すことが多いんだよ。**蛸**《たこ》や**蟹**《かに》も虫がついてるだろ。しかも、海老と違ってどれも一文字で表されてるだろ。

熊　そう言われりゃな。

ご隠居　で、ここからが日本人のすごさなんだ。ありがたい翁のイメージを残しながら、中国風にアレンジして一文字で「**蛯**《えび》」って字を作ったんだ。

熊　虫と老の組み合わせ……この字どこかで見たな。

ご隠居　うん、モデルの蛯原友里さんの影響で、あっという間に若い女性の間で知られる漢字になったからね。

熊　ああ、モデルのエビちゃん！　そうだな、一度見かけたらシ、ュ、リ、ン、プ、り（知らんぷり）はできねえな。

# 【明】

## 窓辺に浮かぶ白き月影

咲　こんばんは。トウモロコシのおすそ分けですよー。

ご隠居　いつもありがとう。夜なのに申し訳ないねえ。

咲　きょうは、お月さまが出てて明るいから平気。あれ、あそこの窓から月明かりが差し込んでて、奇麗だね。

ご隠居　ああ、ほんとだ。お咲ちゃん、こういう情景を表した漢字があるんだけど、分かるかい？

咲　えー、何だろう。

ご隠居　実は、明るいの「明」なんだよ。

咲　そうなの？　**明**は「**日**」と「**月**」で出来てるんでしょ。お日さまとお月さまの両方がそろってるから「あかるい」ってことなんじゃないの。

ご隠居　まあ、そういうふうに書いてある辞書もあるんだけどね。

咲　そうでしょ。その方が、絶対分かりやすいと思うんだけどな。

ご隠居　うん。でも、太陽と月が一緒に出ることもまれだし、一緒に出たとして

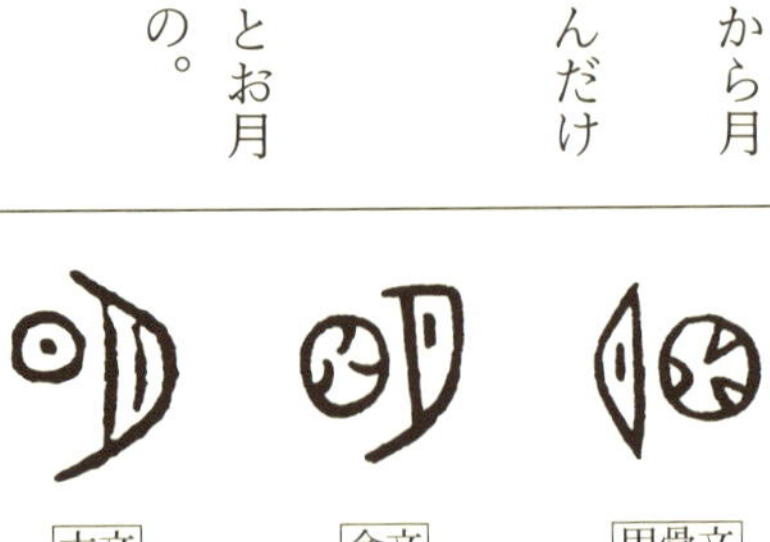

甲骨文　金文　古文

も太陽の光で月もかすんじゃうだろ。実は、他に有力な説があるんだ。

咲　もしかして、それってあそこの窓と関係あるとか？

ご隠居　お、察しがいいね。明の「日」の部分は、もともと「**囧**」って書いてたんだ。これが窓の形を表してるっていうんだな。

咲　でも、窓から差し込む月明かりだけじゃ、明るくないよ。

ご隠居　今みたいに街灯もない時代には、漆黒の闇に輝く月は、ひときわ明るく神秘的な存在に思えたんじゃないかね。

咲　なるほどね。今でも月って独特の雰囲気があるもんね。太陽より透明感とか、すっきりした感じがあるし。

ご隠居　うん。「すっきり」「はっきり」って意味だと「**明解**」とか「**明快**」なんて言葉があるだろ。「透明感」とか「清い」を意味すると「**清明**」、「かしこい」だと……。

咲　あっ、「**賢明**」だ。

ご隠居　そういうこと。つい話し込んでしまった。遅いから送っていこうかね。

咲　ご隠居さま、月の明かりにさらされてオオカミに変身しないでよ。

ご隠居　何をおっしゃる。オオカミに変身するのは、うちのオオカミ（おかみ）さんくらいのものさ。

---

**説文** 照らす。「月」「囧(＝まど)」から構成される。「明」は古文の「朙」で、「日」から構成される。

# 院

## かたい塀に囲まれた場所

ご隠居　熊、知ってるかい？　隣んとこの息子さん優秀でさ、大学院に行って学問を修めてるんだってさ。

熊　へー、あのイモ兄ちゃんがかい？　人は見かけによらないねえ。

ご隠居　何を失礼なこと言ってんだい。将来は法律家になるんだってさ。

熊　ふーん。面倒なことが起こったら頼むかな。それにしても大学院なんて、何となく近寄りがたい感じがするなあ。

ご隠居　ああ、「院」がつくとそうかもしれないね。

熊　大学院なんてそう簡単に行けるところじゃないしな。ご隠居、これって院に特別な意味があるってことかい。

ご隠居　そうだねえ。『**説文解字**《せつもんかいじ》』って中国の古い字書には「院は堅なり」って書いてあるんだ。

熊　ほー、やっぱりお堅い場所のことなんだな。

ご隠居　「**阝**」（こざと偏）が土を盛ること。「**完**」が周囲に張り巡らせた塀のこ

金文　寏

とで、しっかりしてるとか堅牢《けんろう》なっていう意味も含んでるらしいんだな。

熊　つまり、院っていうのは「土でできた堅牢な塀」ってことかい。

ご隠居　ま、そうだね。

熊　そりゃ、近寄りがたくもなるな。

ご隠居　うん。そんなところから、次第に土塀に囲まれた大きなお屋敷を指すようになったんだ。**書院造り**とか**奥の院**なんて言うだろ。

熊　大きなお屋敷ねえ。で、**大学院**とか**寺院**、**病院**なんてのも同じたぐいの言葉だってことなのかい。

ご隠居　そういうこと。大勢の人のために使われる施設を言うようにもなったってわけさ。

熊　**後鳥羽院**《ごとばいん》とか**建礼門院**《けんれいもんいん》なんて場合は、人を指すんじゃないのかい。

ご隠居　そうだね。おもに日本での用法だろうけど、上皇や法皇、女院《にょういん》の敬称でね。その御殿のことも言うんだ。たぶん、立派な建物に住んでいることが、その人の地位や格式を示すようにもなったんじゃないかね。

熊　まあ、大学院に行ってガチガチの食えないやつになるよりは、大学のイモ兄ちゃんくらいの方が親しみがあっていいな。

ご隠居　確かにね。大学芋なら、あたしも食えるしね。

---

**説文**　堅い。「𨸏(＝おか)」から構成され、「完」が音。

# 〈爽〉

## さわやかに？バッテン四つ

咲　あ、庭のアジサイ咲いたんだ。漢字で紫陽花って書くんでしょ。アジサイの雰囲気にピッタリの字だよね。

ご隠居　**紫陽花**ってのは当て字なんだが、確かに、季節感やこの花の持つ風情をうまく表してるよね。

咲　そうそう。梅雨空なのに、そこだけ爽《さわ》やかな風が流れる感じがするんだ。

ご隠居　お、なかなかの詩人だねえ。

咲　でもね、その「爽」っていう字、なんか変だよねえ。バッテンが四つもあるのに、なんで「さわやか」なんだろう。私が学校でバッテン四つももらったら、どんよりしちゃうけどなあ。

ご隠居　お咲ちゃんの言うバッテンってのは、「**爽**」の部首にもなってる「**爻**」のことだね。「こう」とか「めめ」って呼ぶんだ。でも、こりゃ難問だな。

咲　どうして？

ご隠居　いろいろ説があるからね。一つは「**メ**」の形が格子を表してて、そこか

甲骨文

金文

咲　ら入ってくる「明るい光」って意味だっていうんだ。

ご隠居　へえ、バッテンは格子のことなんだ。「爽」が「日」と「喪」から出来てるって説もあるんだよ。爽の「ソウ」って音は「喪」が元になってて、しかも「失う」って意味も含んでるっていうんだな。

咲　あれれ、明るい光とは真逆だね。爽やかってイメージじゃないなあ。

ご隠居　そうだね。でも辞書を引くと、確かに「爽」には「たがえる」とか「まちがえる」って意味があるからね。

咲　ふーん。「爽」から四つの「メ」を取ると「大」になるね。

ご隠居　お、さすが。「大」は「人」を表してて、その両側にある「メメ」が衣装とか入れ墨の模様を表してるって説もあるんだな。

咲　入れ墨？　今の感覚じゃ「さわやか」とは結びつきにくいね。

ご隠居　確かに。どの説も、決め手には欠けるかもね。

咲　紫陽花みたいに、漢字も見た目の印象は大事だよなあ。バッテンが四つもある爽って字は、お父ちゃんの作った料理みたいだな。

ご隠居　どういうことだい？

咲　見た目は二の次、紫陽花（味さえ）よければ、いいじゃないかって。

説文　明るい。「㸚（＝窓の格子飾り）」「大」から構成される。

# 県

## 逆さづりの不幸な歴史

熊　「県」ってバランスの悪い字だと思わないかい。

ご隠居　なんだい突然。どこが悪いってんだい。

熊　県の目の部分が、右側に落ちそうじゃねえか。「鼎《かなえ》」みたいに、左右対称になっててもよさそうな字だと思うんだよなあ。

ご隠居　なるほど。県って字はもともと「縣」の略字体でね。右側の「系」が抜け落ちてるから、頼りない感じに見えるのかもしれないね。

熊　そうなのかい。俺の感覚、まんざらでもねえな。左右対称とはいかねえけど、縣なら右側の「系」の部分が押さえになって、バランスがいいや。

ご隠居　しかし、妙なところに引っかかるもんだね。実はこの「県」と「縣」、もとは別の字だったんだよ。

熊　別の字？

ご隠居　そう。実は、県って字には不幸な歴史があってねえ〜。

熊　やめなさいっての、そういう話し方。急に声を落とすなよ。

金文 縣

金文 縣

ご隠居　フフフ……。「県」は、木に首を逆さにつるして髪が垂れた様子を表した字なんだ。それで「さかさづり」って意味。ほら、「首」を逆さまにすると「県」。「県」に似てるだろ。

熊　逆さにつるした首？　やだなあ、もう。その手の話は弱いんだからさ。

ご隠居　県に「ひも」って意味の「系」がついたのが「縣」。だから縣には「かける」とか「つりさげる」って意味があるんだ。その略字体が、今使われてる県ってことさ。

熊　それが次第に、地方の行政区画をいうようになったってことかい。

ご隠居　「かける」の意味で使うときには「懸」を使って、すみ分けたんだな。

熊　今度は「心」がついて「こころにかける」「気にかける」ってことか。

ご隠居　そういうこと。熊の後ろの軒先にも、ほら……。

熊　ビックリした！　なんでこんなでっかいテルテル坊主を、逆さにつるしてんだよ。

ご隠居　ばあさん一人で温泉に行くっていうから、嫌がらせの雨乞い。

熊　わあ、心ないなあ。

ご隠居　だから、気に懸けず、木に縣《か》けようと思ってさ。ほほほ……。

熊　そういう悪ふざけ、やめなさいっての。

---

説文　つなぐ。「系（＝ひも）」で「県（＝逆さになった首）」を持つようすから構成される。

# 【杯】

## なみなみ満たし飲み干そう

咲　よーし、行けー！　シュートだ！

ご隠居　お咲ちゃん、熱くなってるねえ。サッカーのワールドカップかい。

咲　うん。ね、ワールドカップって「**W杯**」って略すよね。上がローマ字で下が漢字って面白いね。**W**はワールド（World）の頭文字でしょ。

ご隠居　そうだね。「**杯**」っていうのは、カップを漢字で表したんだね。優勝カップやトロフィーのイメージを一文字で表せて便利だろ。

咲　あっ、そうか。カップ＝杯ってことか。そうしてみると、「杯」の右側の「不」の部分が、優勝カップの形にどことなく似てるように見えるね。

ご隠居　そうだね。「**不**」の部分は、花の萼《がく》のように膨らんだ形のことで、ふっくらした器を表してるって説があるんだ（※）。

咲　へー、萼の形かあ。

ご隠居　他にも、「**杯**」はもともと「**桮**」って書いてたとも言われててね。この「**否**」の部分が、「杯」の音の元になってて、**木**を曲げて作った器の意味だっ

竹簡文

て説もあるんだ。

咲　ねえ、杯って「さかずき」とも読むでしょ。お酒にまつわる字なのかな。

ご隠居　確かに「**乾杯**」とか「**祝杯**」なんて、酒席にまつわる言葉は多いね。

咲　お父ちゃんだけじゃなくて、昔から人とお酒とは縁が深いんだね。さかずきって「**盃**」って字も使うでしょ。

ご隠居　これは、「杯」の俗字とも言われてるんだ。でも、「杯」がワイングラスのようなイメージだとすると、「盃」がお屠蘇《とそ》なんかを飲むときの、お皿のような酒器のイメージにも思えるね。

咲　そうだね。イカとかタコを数えるときにも「**杯**」を使うんでしょ。

ご隠居　うん。ものを数えるときに使う助数詞だね。イカやタコはさかずきの形に似てるだろ。茶碗《ちゃわん》やコップも一杯、二杯って数えたりするんだよ。

咲　あっ、チャンス！　……なーんだオフサイドか。

ご隠居　お咲ちゃん、すっかりサッカー通じゃないか。

咲　お父ちゃんの影響かもしれないな。お父ちゃんは、酒好きのサッカー好きを自任してるから。

ご隠居　じゃ、**賞杯**をかけて頑張ってる選手に乾杯といきますか。いえいえ、完敗じゃありませんからね。

※「不」（20ページ）参照。

---

説文　さかずき。「木」から構成され、「否」が音。

## ❖常用漢字って？①

咲　漢字って一体どのくらいあるの？

ご隠居　うん。正確なことは分からないんだけど、五万字とも六万字とも言われてるんだ。辞書によってはそれ以上を載せてるものもあるんだよ。

咲　それを全部覚えるなんて不可能だね。

ご隠居　そうだね。日本では、生活に必要な漢字の種類や読み方の指針を示した**常用漢字表**っていうのを国が定めてるんだ。

咲　へえ。それはどのくらいあるの？

ご隠居　二〇一〇年十一月に改定されて、二千百三十六字になったんだ。

咲　二千百三十六字？　それでも随分多いね。全部覚えられそうもないな。

ご隠居　そうかもしれないね。でも、**常用漢字**の全部を手で書けなくてもいいんだよ。パソコンなんかの情報機器を使う時代の、使用の目安だからね。

咲　そうだよね。今は、パソコンの時代だもんね。これで、やっと漢字の練習から解放されるなあ。

ご隠居　そうはいきませんよ。若いときは手書き、恥かき、洟《はな》たれ小僧ってね。

咲　洟垂れ……、花も恥じらう乙女になんてことを！

# 第二章 夏

夏あさきあをばの山の朝ぼらけ
花にかをりし春ぞわすれぬ
（藤原為子）

# 贔屓

## 重荷を一人？で引き受けて

熊　ドキドキしながらサッカーの応援してたら、咲が「あんまり応援しすぎるとヒジキの引き倒しになるよ」なんて言いやがってさ。何なんだい、「ヒジキの引き倒し」って。

ご隠居　熊、そりゃ、お前さんの聞き違いだろ。「ひいきの引き倒し」だよ。肩入れしすぎてかえってその人が迷惑したり、不利になったりすることをいうんだよ。

熊　なんだ、「ひいき」かあ。で、どんな字を書くんだい。

ご隠居　「**贔屓**《ひいき》」って書くんだよ。「**贔**《ヒ》」にも「**屓**《キ》」にも、「力を出す」とか「つとめる」って意味があってね。同じ意味の漢字が二つ重なって熟語になったものなんだよ。

熊　へえ、そうなのかい。

ご隠居　で、**贔屓**っていう言葉は、「ひき」と読んで「強くて力がある」ってのが、もともとの意味なんだ。

古璽文

熊　あれ？　応援するとかってことじゃないのかい？
ご隠居「ひいき」と読んで、自分の気に入った人を引き立て、後援するってのは、どうも日本で広まった使い方のようだよ。
熊　日本でねえ。中国じゃ、どういうふうに使われてるんだい？
ご隠居　中国の伝説の中では、**贔屓**が竜の子どもの名前で登場してるんだよ。
熊　竜の子ども？
ご隠居　うん。竜には子どもが九匹いてね。その一匹は姿形が亀に似た力持ちで、重いものを背負うのが得意だったっていうんだな。
熊　その特技の持ち主が、贔屓って名前なのかい？
ご隠居　そういうこと。東の海上に仙人が住むといわれる**蓬萊山**《ほうらいさん》があって、それを海中で背負っているのが大きな亀だっていう話もあるんだ。
熊　へー、亀は縁の下の力持ちって役どころだな。
ご隠居　そうだね。そのせいか、中国には碑文の台座に亀の姿を施したのが、結構あるんだ。
熊　最近じゃ、環境に優しい亀も増えてるようだしな。
ご隠居　そうなのかい？
熊　聞いたことねえかなあ。エコ（依怙《えこ》）贔屓。

# 維

## リズム整え、いい感じ

咲　いま学校で、幕末から明治にかけての歴史を勉強してるんだあ。

ご隠居　おっ、それで坂本龍馬のファンになったとか？

咲　そういう友達もいるけど、私は違うんだなあ。明治維新の「維」の字の方が気になってるんだ。

ご隠居　そりゃまた、妙なところに目がいくね。

咲　だって、維新の維って繊維の維と同じなのに、この二つの維に何の共通性もないじゃない。維新は「すべてが改まって新しくなること」で、繊維は「織物とか紙なんかの原料とか材料」でしょ。

ご隠居　たしかにね。お咲ちゃん、実は維には「つな」って意味があるんだよ。

咲　ツナって缶詰の？

ご隠居　まさか。そりゃ、英語でマグロの意味だろ。そうじゃなくて、物をつないでおくためのロープの……。

咲　なーんだ。ロープって意味の「つな」だね。

金文

古璽文

ご隠居　そう。そんなとこから「つながる」とか「保ち続ける」。**維持**って言葉がそれに当たるかな。**繊維**っていうのは「筋」とか「細い糸」って意味で使われたもんなんだ。

咲　そこまでは分かるけど、やっぱり維新とはつながらないね。

ご隠居　そうだね。これは漢字の意味というより、使い方なんだな。

咲　使い方？

ご隠居　うん。**維**は、文の初めや句の中間に置いて、文や言葉の口調・リズムを整えるっていう役目があるんだ。

咲　口調を整えるって？

ご隠居　**維新**を「これ新たなり」って具合に読むんだ。単に「新たなり」っていうよりメリハリがつくだろ。

咲　そう言われればそうだね。維を「これ」って読むのかあ。知らなかったなあ。

ご隠居　そうなんだよ。この場合、維には漢字としての意味はないんだ。

咲　へー、まさに口調を整えるための「維漢字」ってことだね。

ご隠居　うまいねえ。「これ漢字なり」かあ。

咲　ううん、口調を整え「維漢字（いい感じ）」。

---

説文　車の蓋《おお》いのつな。「糸」から構成され、「隹」が音。

# 道

## 首をぶら下げてお清め？

熊　ヘルメットかぶったおじさんが、頭下げてる道路工事の看板、見たかい？

ご隠居　ああ、家の前の道路だろ。それが？

熊　それがって、ご隠居。頭ってのは、言い換えれば首だろ。で、道路工事だ。ね、なんで「道」に「首」がついてるのかってことさ。どうも、ちぐはぐな感じがするんだ。

ご隠居　確かに**道**は「**首**」と「**辵**《チャク》」で出来てるからね。

熊　「辵」ってなんだい。

ご隠居　「**辵**」は「しんにょう」のことで「みちを行く」なんて意味なんだ。問題は「**首**」だな。三つほど解釈があるんだよ。

熊　ほら、やっぱりな。「首」には何かあると思ったんだ。

ご隠居　一つは、「頭を向けて進んでいく」。もう一つは**首**の「シュ」って音が変化して「ドウ」になったって説。

熊　ほう。あと一つは？

金文

金文

ご隠居　これがすごい。異民族の**首**をぶら下げて、**道**を祓《はら》い清めながら歩いたからっていうんだ。

熊　また、そんなあ。

ご隠居　異民族の地を攻め落としても、そこには代々の霊があって、災いをもたらすと信じられてたんだって。それを清めるっていうんだな。

熊　それで、首を？　かえって呪われちまうんじゃないのかい。

ご隠居　そうだねえ。でも、この説によると、祓い清めて進むことが「**導**」、清められたところが「**道**」だっていうんだな。

熊　そういえば、「道」と「導」はよく似た字だよな。

ご隠居　うん。「道」と「導」はもともと同じ字のようでね。「道」が名詞、「導」が動詞として区別されるようになったんだよ。

熊　**書道**や**華道**って具合に、「**道**」はその世界を究める芸事にまで使われてるのに、結構怖い成り立ちなんだな。

ご隠居　確かにねえ。でも「朝《あした》に**道**を聞かば夕べに死すとも可なり」って言うだろ。行く手に広がる「みち」に人生の進むべき方向とか、道徳・手段・方法なんて意味を重ねるのも当然だろうよ。

熊　俺は「朝に酒を飲まば、昼に寝るも可なり」ってとこだけどな。

---

**説文**　進む道路。「辵（＝ゆく）」「𦣻（＝頭で、人の意）」から構成される。一筋に通じるみちを道という。

# 【人】

## 支え合うのは大切だけど

咲　きょう、男子が掃除をサボってふざけてたんだ。それを注意した女子と大げんかになったんだよ。まったく、いやになっちゃうよ。

ご隠居　ほう、そりゃ勇ましいね、どうも。それで、どうなったんだい。

咲　結局、けんか両成敗だからって、みんな先生に呼ばれてお説教。そのときに、「人っていう字は、ひととひとが支え合っている形だから、どちらが欠けても駄目なんだ。互いの思いやりが大切なんだよ」って。

ご隠居　なるほど。なかなかいい先生じゃないか。

咲　私も「なるほど」と思って家で辞書を引いてみたら、そんなことどこにも書いてないんだよ。

ご隠居　そうだねえ。よく聞くいい話だけど、字の成り立ちから言うとちょっと違うだろうね。

咲　うん。辞書には、「人」は、ひとが少し前かがみになって腕をぶらーんと垂らした姿を横から見た形だって書いてあった。

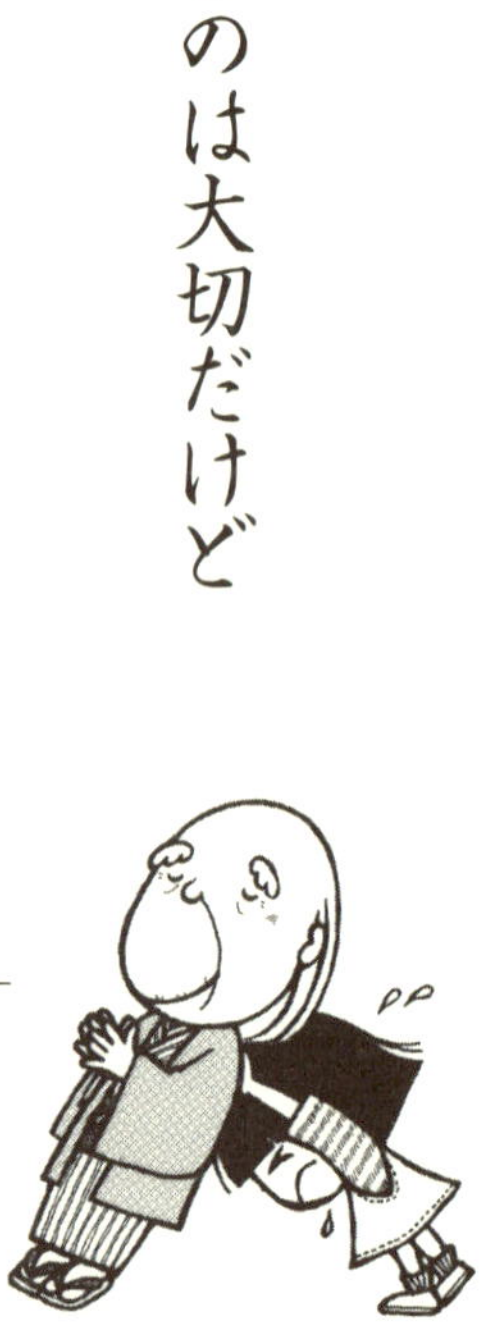

甲骨文

金文

ご隠居　そうだね。**人の左払い**の部分が腕、**右払い**の部分が足だっていわれてるんだよ。

咲　なんで、先生はうそを言ったのかな。

ご隠居　いやいや、これは世間でよく言われるお話なんだよ。うそってほどのもんじゃないさ。

咲　それならよかった。

ご隠居　でも、漢字が表意文字だからか、想像や思い入れでいろんな解釈が生まれやすいのも事実なんだ。字の成り立ちとは区別しないとね。

咲　そういう解釈って他にもあるの？

ご隠居　儲けとは人を信じる者が手にできるもの、とかね。

咲　ああ、「**儲**」は「**亻**」（＝人）と「**言**」と「**者**」に分解できるからか。

ご隠居　中国にも「山《サン》は産《サン》なり、物を産み生ずればなり」って、根拠の薄い駄洒落《だじゃれ》みたいなものもあるからね。

咲　そっかあ。でも、「重い槍《やり》をみんなで担いで、思いやり」なんて駄洒落よりはまし……あれ、ご隠居さま。ほっぺ真っ赤にして……。まさかこれをオチに使おうと……まずいよ、そりゃ。

ご隠居　だ、だから、ほら、人と人は支え合ってさ……。

---

**説文** 天地の間における生物のうち最も貴いもの。これは籀《チュウ》文《ブン》であり、腕と足の形を象《かたど》る。

# 〈涙〉

## 目から連なり落ちるもの

ご隠居　若いときは、洋楽一筋だったんだけど、最近、演歌もいいなと思うようになってきてね。

熊　ご隠居が洋楽？　性格は演歌なのに。ほら、演歌には「雨」と「港」と「なみだ」がつきものだろ。「なみだ」は「涙」じゃなくて「泪」って書くことも多いよな。

ご隠居　うん、そうだね。

熊　「**泪**」は、「**目**」に「**水**」だろ。目から流れる水、すなわち「なみだ」ってわけだ。分かりやすいよな。これは、日本で作られた字なんだろ……ほら、何て言うんだっけ。

ご隠居　**国字**のことかい。

熊　そうそう、それ。

ご隠居　残念。これは国字じゃないんだな。「**泪**」は「**涙**」の俗字とか言われてるけど、今の中国では正式な字になってるんだよ。

熊　そうだったのかあ。いかにも日本的な雰囲気があるんだけどな。

ご隠居　そうだね。「涙」（涙）は、「戻」の部分が「レイ」って音で、これが変化して「ルイ」になったんだな。「重なる」っていう意味の「累」にも関係があって、「目から連なり落ちるもの」って意味だって説もあるんだ。

熊　へえ、なるほどねえ。

ご隠居　でも、大昔の中国では、「涙」って字はあまり使われてなかったようだよ。

熊　じゃ「なみだ」は、どんな字だったんだい。

ご隠居　古くは「泣」とか「涕」って書いてたんだな。

熊　「泣」は「なみだ」じゃなくて「な（く）」だろ。

ご隠居　昔は名詞と動詞の両方の使い方があったんだ。面白いことに、「涕」には「なみだ」っていう意味のほかに「鼻水」の意味もあるんだ。

熊　確かに泣くと鼻水も出るしな。こうしてみると、涙ってのは歌にあるほどロマンチックなもんじゃないな。

ご隠居　だから、泣くときは海が似合うんだよ。

熊　お、静かな海岸に恋人同士が夕日に浮かんで……。

ご隠居　そう、海だけに波だ（涙）なんてね。

熊　あーあ、もう帰ろ。

# 民

## 痛っ！　針で目を刺すなんて

咲　ご隠居さま、「**人民**の**人民**による**人民**のための政治」って、すごくいい言葉だと思わない？

ご隠居　リンカーンの演説の中の有名な一節だね。

咲　アメリカのオバマ大統領が選挙で勝ったときにも、演説で引用したんだって。

ご隠居　そうだったね。あたしも新聞で読んだよ。

咲　ねえ、人民って、同じような意味の「人」と「民」って字を重ねてるけど、「人」と「民」に何か違いがあるの？

ご隠居　よく気付いたね。「**人**」って字は、立っている「ひと」を横から見た形(※)。「**民**」は、目を針で刺された姿って言われてるんだ。

咲　わーっ、痛そう。なんで同じ「ひと」を指す字なのに、「民」は目を刺されなきゃいけないの？

ご隠居　**民主主義**なんて言葉もなかった大昔は、力の時代でね。強い者が弱い者

金文

金文

を支配する社会だったんだな。そんな時代、領土を奪ってそこにいたひとたちの目をつぶして、奴隷にして支配したっていう説が一つ。

咲　残酷！　嫌な時代だねえ。

ご隠居　そうだね。もう一つが、神に仕えるひとっていう意味。これも神が支配するっていう構図になってるんだ。

咲　つまり、奴隷であれ神に仕えるひとであれ、支配されるひとが「民」ってことなの？

ご隠居　もっとも、そういう使い方は、かなり古い使い方でね。今じゃ「人」も「民」も、「人間」を指すってことに違いはないだろうけどね。

咲　「**人**」っていうのは？

ご隠居　うん。これは古い字書によると、天地の間における生き物のうちで一番貴いものとされているんだ。

咲　その貴いものが、ひとを支配して目をつぶして奴隷の「民」にしちゃうんだ。なんか悲しいね。

ご隠居　そうだね。でも今は、**国民**一人ひとりが主役の時代だからね。

咲　そうだよねえ。「咲の咲による咲のための お団子」。いっただきまーす。

ご隠居　あ、またやられた。あたしのおやつ……。

※「人」（72ページ）参照。

**説文**　衆《おお》くの萌《ボウ》(＝たみ)。古文の象形であるものに由来する。

# 芸

## 「げい」には「うん」も必要さ

ご隠居　お、精が出るね。梅雨の晴れ間に庭の草むしりかい。

熊　草が伸びる前にと思ってね。ご隠居、この黄色い花、何だか分かるかい。葉っぱをもむと、ほら。

ご隠居　どれどれ。わっ、強烈なにおいだね。もしかしてウンコウじゃないかい。

熊　やだな、我が家の愛犬に、庭で粗相するようなしつけはしてねえよ。

ご隠居　何言ってんだい。そうじゃなくて、この花の名前さ。芸香と書いてウンコウって読むんだ。ミカン科の多年草で、ヘンルーダとも言うんだよ。

熊　へー、初めて聞くなあ。

ご隠居　においの強い芸香の葉を本に挟んで、虫よけにしたとも言われててね。そんなところから、**芸香**には蔵書とか書斎って意味もあるんだ。

熊　なるほど……って。あれっ、ウンコウって言うけど、そりゃゲイコウの読み間違いだろ。「芸」を「ウン」なんて読まねえし。

ご隠居　ああ、「芸術」の「**芸**（ゲイ）」と「芸香」の「**芸**（ウン）」は、今でこ

甲骨文 埶（藝）

金文 埶（藝）

小篆 埶（藝）

そ同じ形だけど、もともと違う字の形をしてたんだ。「雲」とか「芸」の下の部分は「云」だろ。これが「ウン」って音を表してるんだよ。

熊　あ、確かにそうだな。「云々《うんぬん》」なんてのも同じ仲間かい?

ご隠居　そういうこと。それに対して芸術の「芸」は、以前は「藝」って書いてたんだ。それを戦後「芸」って簡単な字体にするよう決めたんだよ。

熊　ってことは、「ウン」と読む場合の「芸」は、もとからこういう形だったのかい。

ご隠居　そうなんだよ。「ウン」って読む「芸」は、田畑を耕して「草を取る」って意味なんだ。

熊　簡単な字にしたお陰で、藝と芸が同じ形になったたってわけか。そのせいで、ややこしい状況も出てきたってことなんだな。

ご隠居　そういうことだね。まあ、藝には「植える」って意味もあって、字の形も似てるから、藝と芸は、昔からよく混同されてたらしいんだ。

熊　へえ、そうなのかい。藝が「植える」で、芸が「草を取る」かあ。もっとも我が家の連中は、実ったものをたらふく食べるばかりだからな。

ご隠居　園芸る（エンゲル）係数が高いってんだろ。

熊　いやいや、無芸大食ってことで……。

---

**説文** 草〔の名〕。目宿（＝苜蓿《モクシュク》。ウマゴヤシ）に似る。「艸」から構成され、「云」が音。『淮南子《エナンジ》』に、芸草は枯れてから再生できる、という。

# 【勢】

## ぐんぐん伸びる草木の力

咲　うわーっ、伸びたねえ。まさに緑のカーテンだね。いまは無駄にエネルギーを使わないようにしようっていうエコの時代だし、ぴったりだね。

ご隠居　そうだね。それにしても、すごいだろ。今年はゴーヤ、ヘチマ、アサガオを植えたからね。日差しも遮ってくれるし、緑のカーテンを通り抜ける風も涼しいんだよ。

咲　ほんとだねえ。まるでミニジャングルだね。夏の日をたっぷり浴びて育つから、勢いが違うんだろうね。

ご隠居　そりゃそうだよ。なんたって、草木がぐんぐん成長する姿を表したのが「勢」の字だって言われてるからね。

咲　へえ、そうなんだ。そういえばこの間、お父ちゃんが芸術の「芸」はもともと「藝」って書いて、草木を植えるって意味なんだって言ってたよ。

ご隠居　そりゃ、あたしの話の受け売りだけどね。ほら、よく見ると「藝」と「勢」は、どことなく似てるだろ。

咲　そういえば、「埶」の部分が一緒だね。

ご隠居　そう。「**埶**」の部分は、人がひざまずいて草木を植えてる姿だっていうんだな。

咲　あっ、そうか。「勢」は「**埶**」に「**力**」がついてるから、力強いってイメージがあるんだね。

ご隠居　そういうこと。それで「自然に進み動く力」なんて意味が生まれてね。**気勢**、**水勢**、**運勢**なんて言葉に使われてるんだ。

咲　へー、「勢」が自然に関係する字だとは、思わなかったなあ。もっとゴリゴリの力ずくって感じの字だとばかり思ってたんだけど……。

ご隠居　お咲ちゃんが言うのは、**権勢**とか**勢力**って言葉の印象だね。

咲　そうそう。「**加勢する**」なんてのも似てない？

ご隠居　そうだね。こういった言葉は、草木が力強く根を張り枝を広げる姿に、他を押さえて従わせる権力者の姿を重ね合わせたからかもしれないね。

咲　そっかあ。もともと草木の成長する姿を表してた漢字も、人間の欲みたいなものに絡め取られちゃうんだね。

ご隠居　お咲ちゃん、その点、この緑のカーテンはいいよ。夏の熱気を絡め取ってくれるからね。

説文　盛んな支配力。「力」から構成され、「埶」が音。

# 雷

## 大地を震わし落ちてくる

咲　ご隠居さま、雨宿りさせて。急に空が曇って大粒の雨がパラパラきたから……。わっ！　いま光ったよ。

ご隠居　おっ！　雷かい。こりゃ、外にいちゃ危ないや。さ、なかにお入り。

咲　雷って、怖いよね。

ご隠居　そうだね。その昔、日本では雷のことを恐ろしい神って意味で、**厳之**《いかつ》**霊**《ち》って言ったりしたんだよ。

咲　いかつち？　あ、**いかずち**のことかあ。「神が鳴る」で「**かみなり**」だって、聞いたことがあるよ。

ご隠居　よく知ってるね。雷の音を強調した言い方で「**鳴神**《なるかみ》」なんて言ったりもしてるよね。

咲　「**雷**」って「**雨**」と「**田**」で出来てるでしょ。**雨**はお天気に関係してるからだろうけど、なんで「田」とくっついたんだろう？

ご隠居　雷は、古くは**靁**と書いてたんだ。**畾**は田んぼじゃなくて、「ライ」って

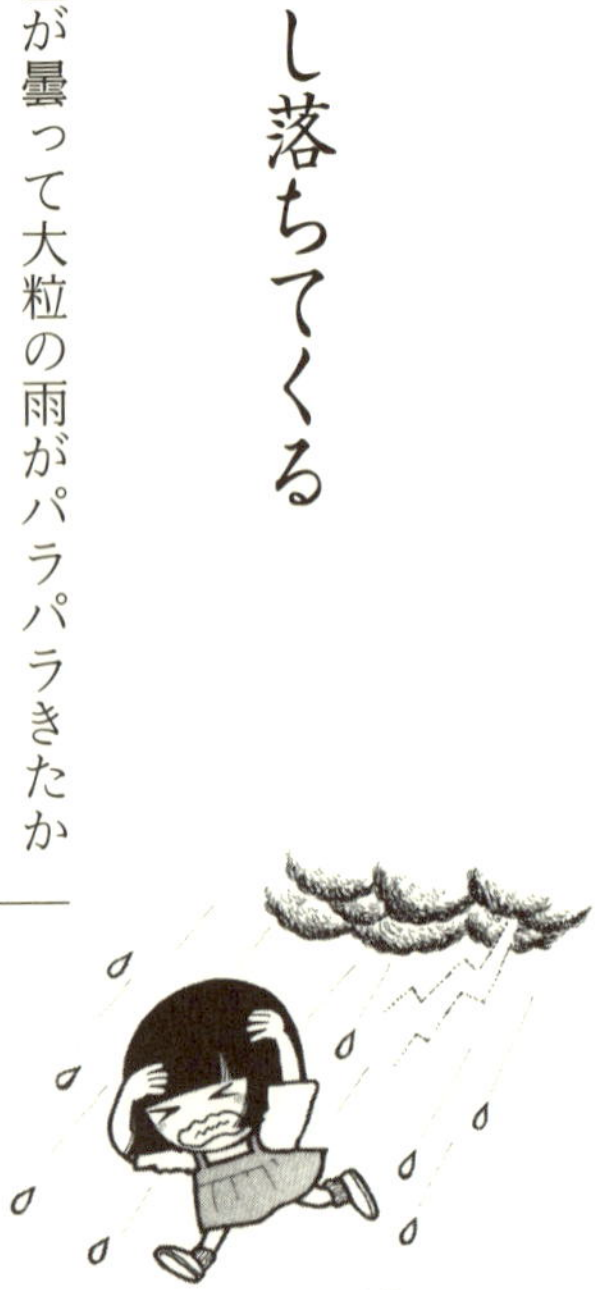

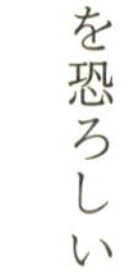

甲骨文

金文

音と、陰と陽の気が回転する形とか稲光を表してるっていうんだな。

咲　畾の省略形が田なんだね。でも、回転って……。

ご隠居　うん。まあ、放電のイメージなんだろうね。

咲　ふーん。わっ！　バリバリってすごい音。

ご隠居　お咲ちゃん、この音のすごさを表した字があるんだが、分かるかい。

咲　えー、何だろう。

ご隠居　正解は「**震**」。実は、この字にも「かみなり」っていう意味があるんだよ。大地を震わすほどに、大きく鳴り響くってことなんだろうね。

咲　確かにそうだね。雷が鳴ると、窓ガラスが震えるもんね。

ご隠居　「**青天の霹靂**《へきれき》」って言葉、聞いたことがないかな。

咲　あ、知ってるよ。思いがけないことが起こったときに使う言葉でしょ。

ご隠居　そう。「**霹靂**」って言葉も、激しい雷って意味なんだ。青い空に突然の雷が鳴り響くっていうことなんだ。だから「青天」。辞書には「晴天の霹靂」を載せてるのもあるようだけどね。

咲　へー、時々お父ちゃんも家で雷落とすけど、霹靂というより辟易（へきえき）って感じだな。

ご隠居　うまい！　おへそ取られないように、腹巻き一枚。

---

**説文** 陰陽の気が迫り活動するもので、雷雨は万物を生じさせるのである。「雨」から構成され、「畾」は、回転する形に象《かたど》る。

# 綺

## 美しい衣装を身にまとい

ご隠居　来ましたねえ。高校野球シーズン。

熊　やっぱ、夏はセミの鳴き声と高校野球だな。

ご隠居　そうだね。あたしゃ、毎年待ちきれなくてねえ。

熊　そうだよな。この中に将来の**綺羅星**《きらぼし》がいるかと思うと、ほんと目が離せないよな。

ご隠居　やなんだなあ、その言い方。あたしみたいな古い人間からすると「**綺**《き》**羅**《ら》**、星**《ほし》**のごとし**」って具合に使ってほしいんだなあ。

熊　なんだい、そりゃ。綺羅の部分で、いったん言葉が切れるのかい。

ご隠居　そうだよ。確かに最近の辞書には、「綺羅星」って言葉も載ってはいるんだけどさ。

熊　何が問題なんだい。

ご隠居　うん。綺羅の「**綺**」ってのは、美しい模様の絹織物のことなんだ。

熊　へえ、そうなんだ。それじゃ「**羅**」は？

ご隠居　これは、薄い絹織物のことを指すんだな。
熊　ってことは、「**綺羅**」は薄くて美しい絹織物のことか。
ご隠居　そういうこと。それで「美しい衣装」とか「美しい服を身にまとった人」、「栄華を極めた人」なんて具合に使われるようになったんだ。
熊　で、「綺羅、星のごとし」ってのは？
ご隠居　そういう立派な人が、星のように連なり並んでいることのたとえに使う言葉なんだよ。
熊　それじゃ、キラキラ輝いてるってわけじゃないのか。
ご隠居　キラキラ輝くって意味では「**煌**《きら》**めく**」とか「**煌々**《こうこう》**と**」なんて具合に、「煌」って字を当てたりもするんだ。「煌」には「光り輝くさま」「明るい」って意味があるんだ。
熊　へえ、そうなんだ。
ご隠居　キラキラっていう音のイメージからか、「綺羅星」を「**煌星**」って書く場合もあるようだよ。
熊　綺羅とはいうものの、高校野球の選手は、ユニホームが泥んこになるから美しい衣装からは縁遠いか。
ご隠居　その泥んこのユニホームこそが、彼らにとっての綺羅なんじゃないのかね。

---

**説文**　模様のある絹織物。「糸」から構成され、「奇」が音。

# 【球】

## グラウンドに輝く白い宝石

ご隠居　おーっ、いよいよ始まったね、高校野球。甲子園ってのはいいねえ。地元の高校が出ると、どうしても観戦に力が入っちゃうね。

咲　そうだね。友達のお兄さんが甲子園に出てるんだって。

ご隠居　そうかい、お兄さんが高校球児なんて、かっこいいよね。

咲　ほんと、そうだよね。ねえ、**球児**とか**打球**、**球場**なんて言うけど「球」って字は、それだけで野球のことだって分かって便利だね。

ご隠居　それだけ**野球**がみんなに親しまれてる証拠さ。もっとも、球は野球だけじゃなくて、球技全般に使われてるんだよ。

咲　サッカーのことを**蹴球**《しゅうきゅう》って言ったりするもんね。

ご隠居　よく知ってるね。**排球**《はいきゅう》といえばバレーボール、**籠球**《ろうきゅう》といえばバスケットボール。じゃ、**鎧球**《がいきゅう》って何のことだか分かるかい？　ヒント、鎧は「よろい」のことだよ。

咲　鎧を着る球技？　剣道じゃないしなあ。あっ、アメリカンフットボール！

ご隠居　ピンポーン、正解。球って字は「玉」に、「キュウ」って音を表す「求」が付いた字でね。**求**にはまるくして巻き込む、一点を中心に集まるっていう意味もあるようだよ。

咲　いま「玉」に「求」って言ったけど、球の偏は王でしょ。

ご隠居　「**玉**」の部分が偏になると、玉の点が取れて「**王**」みたいな形になるんだ。「現」や「理」もそうなんだよ。面白いことに、たいていの辞書には、「王」は**玉偏**のところに載ってるんだな(※)。

咲　へえ、そうなんだ。じゃあ、「玉」はどういう意味なの？

ご隠居　玉はまるくて高価な、美しい宝石のことなんだ。縦に並べた三つのたまにひもを通した形とも言われてるんだな。

咲　ふーん。「珠」や「弾」も「たま」って読むよね。

ご隠居　うん。**珠**は真珠のようなまるくて美しいもの。**弾**は弓や弦をはじくっていう意味で、はじき出された「たま」のことも表すんだ。

咲　それにしても炎天下に、玉のような汗をかいてボールを追いかける姿って、かっこいいなあ。

ご隠居　そうだねえ。ばあさんからの**曲球**《くせだま》をかわすのに球々《きゅうきゅう》（汲々）としてるあたしからすると、うらやましい限りだよ。

※「广K」（19ページ）参照。

**説文**　玉の触れあう音。「玉」から構成され、「求」が音。

# 税

## 穀物の一部で年貢納める

熊　**消費税**の**税率**が上がるってほんとかい？

ご隠居　どうなんだろうね。これだけ不景気だと、消費税を上げたくてもなかなか難しいんじゃないかねえ。

熊　そうだよな。「平成の脱税王」なんて言われた偉い人もいたわけだしさ。なんか、こう釈然としねえんだよな。

ご隠居　確かにそうだね。

熊　それにしても、**脱税**の「脱」と「税」の形を見てくれよ。字の右側が同じだろ。だけど全然意味が違うんだよな。これも釈然としねえんだ。

ご隠居　**脱**の左側は「**月**」（にくづき）で体、**税**の左側は「**禾**」（のぎ偏）で穀物なんかを表してるんだ。

熊　まあ、そこまでは分かるよ。で、右側は？

ご隠居　うん。「**兌**」の部分は、もともと「**兊**」って書いてたんだ。

熊　へえ、そうなのかい。

ご隠居　これには「取り換える」とか「喜ぶ」なんて意味があるんだな。取り換えるって意味だと「**兌換**《だかん》」なんて言葉があるし、「兌」に「忄」（りっしん偏）がつくと、喜ぶって意味の「**悦**」って字になるだろ。

熊　なるほどなあ。でもさ、税も脱も、喜ぶとは関係ないよな。

ご隠居　うん。ところが、**兌**がついた漢字には、これとは別の「抜け落ちる」とか「はぎ取る」なんて意味に連なるものがあるんだ。

熊　それが税と脱ってことかい。ああ、税は「禾」が穀物だから「穀物をはぎ取る」かい。

ご隠居　そう。「税」は収穫した穀物の一部をはぎ取って納めさせる、つまり年貢のことだな。「脱」は、体から衣服をはぎ取るってことだろ。

熊　なるほど。**脱毛**って言えば、毛が抜け落ちるかあ。

ご隠居　人のおつむ見て感心してんじゃないよ。虫偏がついた「蛻《セイ》」って字は、セミや蛇の「抜け殻」のことなんだ。

熊　なるほどね。でも、これ以上税金が上がると、こうやってご隠居とも酒を楽しめなくなるな。

ご隠居　まあ、そのときゃ、年貢の納め時ってことで、酒は酒（避け）るんだね。

熊　あーあ、酒の一杯も飲めない人生なんてセミの抜け殻みたいなもんだな。

説文　耕作地に賦される租。「禾（＝イネ）」から構成され、「兌」が音。

# 謝

## 気持ちを表し、変幻自在

咲　八月って夏休みでうきうきなんだけど、ちょっと考えてみると、終戦記念日とか、広島や長崎の原爆の日とか、戦争に関係する出来事やお盆もあるでしょ。亡くなった方やご先祖さまと向き合う月でもあるんだよね。

ご隠居　うん。戦争がなく平和に暮らせることに、感謝する月でもあるね。

咲　そうだね。うきうきばかりじゃ、いけないねえ。ね、感謝ってありがたいって思う気持ちだよね。なのになんで謝るって意味の「謝」が入ってるの？

ご隠居　なるほど。「**謝**」は「気持ちを表す」「退ける・去る」の二つくらいの意味に分けて考えると、分かりやすいかもしれないよ。

咲　気持ちを表す？

ご隠居　うん。「**感謝**」とか「**謝礼**」は、ありがたいって気持ちを言葉や物に託して表すものだろ。「**謝罪**」や「**陳謝**」は、おわびの気持ちを言葉にするものだよね。

金文　古璽文

咲　ああ、そうだね。

ご隠居　「**深謝**」って言葉には「心から感謝する」って意味と、「深くわびる」って意味があるんだ。

咲　へー、感謝とおわびの両方の意味があるんだ。退けるって意味では、どんな言葉があるの？

ご隠居　「**面会謝絶**」って、聞いたことないかい。

咲　ああ、あるある。面会を退けるってことか。

ご隠居　そういうこと。**謝肉祭**の「謝肉」も肉を退ける、つまり肉を断つって意味なんだ。

咲　えーっ、知らなかったなあ。肉に感謝するお祭りじゃないんだ。「**新陳代謝**」っていうのは？

ご隠居　これも、去るってことから考えるといいんだ。「**陳**」には古いって意味があってね。古い物が去って、新しい物にかわることだって考えると分かりやすいだろ。

咲　なるほど。グリーンピース（青エンドウ）食べながら、ピース（平和）について考えるのと同じ理屈だね。

ご隠居　そりゃ、ピース違いだよ。スペルも違うし理屈にもなってないから……。

---

**説文**　辞去する。「言」から構成され、「䠶」が音。

# 魅

## これぞ、もののけの魔力

熊　「のんき」と「ゆうき」の散歩は、一仕事でさ。もう汗だくだよ。

ご隠居　ほう、それに引き換え、熊んちの隣の奥さんは、小犬を散歩させてる姿もどこか涼しげで、**魅力的**だね。

熊　ご隠居、目つきが怪しいって。小犬も「まる」って名前で、品がいいんだ。魅力的なんて言うけど「魅」には「鬼」が付いてるから、気をつけなきゃ駄目だぜ。

ご隠居　そりゃ、十分わきまえてますよ。何しろ、「魅」ってのは「もののけ」のことだからね。

熊　えっ！　もののけ？

ご隠居　そう。「**魅**」って字の「**未**」の部分が音を表してるんだが、これが「**微**」と通ずるものがあるなんて言われてるんだ。

熊　「微」と通じてるって？

ご隠居　「かすか」「よく見えない」。つまり……。

甲骨文　鬽

熊　ああ、お化け。

ご隠居　うん。「**魅**」は「すだま」、つまり精霊のことだな。「**鬼**」って字も目に見えない「陰の気」のことなんだ。

熊　「チミモーロー」ってのと関係があるのかい。

ご隠居　「モーロー」じゃなくて「もうりょう」。朦朧《もうろう》は熊の頭ん中だけにしておくれよ。**魑**《ち》**魅**《み》**魍**《もう》**魎**《りょう》って書くんだけどね。ここにも「魅」が入ってるだろ。

熊　はあ、なるほどねえ。

ご隠居　**魑魅魍魎**ってのは、山林の気から生じたり山川や木石に宿ったりする精霊、化け物のことなんだよ。

熊　木々がうっそうとした山は、神秘的だからな。

ご隠居　「**魅**」って字はもともと「**鬽**」って書いてたんだ。「彡」の部分が長い髪の毛、つまり長髪の鬼のことだっていう説もあるんだ。

熊　魅力的って意味から、どんどん離れていくなあ。

ご隠居　いや、得体のしれない魔力に引き込まれるって意味じゃ、人であろうがもののけであろうが同じだよ。

熊　あ、のっぺらぼう。

ご隠居　失礼な。そこは、あたしのおつむだってての。

---

**説文**〔物が〕年を大いに経ることで精霊と化したもの。「鬼（＝霊）」「彡」から構成され、「彡」は、精霊の毛である。「魅」は異体字で、「未」から構成され、音でもある。

# 𪚥

## 龍四匹集まり井戸端会議

咲　友達と画数の多い漢字を順番に書いていくゲームをしたんだ。

ご隠居　へえ、みんなどんな字を書いたんだい？

咲　「葉」とか「歳」とかね。

ご隠居　「葉」は「艹」（くさかんむり）を三画で数えると十二画。「歳」は十三画か。すごいじゃないか。

咲　そうでしょ。いろんな漢字探すのって、なかなか面白いよ。

ご隠居　そうだろうね。お咲ちゃんはどんな漢字を書いたんだい？

咲　私が思いついたのは「襲」。これ二十二画なんだよ。「龍」って、それだけで十六画もあるんだよ。

ご隠居　なるほど、面白いところに目をつけたね。

咲　でも、一番画数の多い漢字って何なんだろうね。

ご隠居　漢和辞典の中から探すと「𪚥」かな。「龍」が四つで出来た六十四画の字なんだ。もっともこれを載せてる辞典も少ないんだけどね。

咲　それなんて読むの？

ご隠居　「テツ」とか「テチ」って読むんだ。それで、「言葉が多い」つまり「おしゃべり」って意味なんだ。

咲　三人寄れば文殊の知恵っていうけど、龍が四匹集まると井戸端会議なんだね。龍って案外おばちゃんぽいね。

ご隠居　ははは。ただ、この字が実際にどう使われたかってことは、辞書にも用例がなくて分からないんだ。

咲　へえ、不思議だね。漢字はあるのに、使い方の例がないなんてね。誰か遊びで作ったのかな。

ご隠居　そうかもしれないねえ。でも、この字を名前に使ってた人がいるんだよ。

咲　ええ、有名人？

ご隠居　うん、大隈重信《おおくましげのぶ》と一緒に早稲田大学の創立に深くかかわった小野梓《おのあずさ》っていう人でね。子どもの頃の名前が𪚥一で「てついち」って読むんだ。

咲　画数の一番多い字と一番少ない字の組み合わせだね。小野さんって、文字通り井戸端会議好きのおしゃべりだったりして……。

ご隠居　そりゃ、面白い。名は体を表すっていうからね。まあ、花が咲いたようにいつも笑顔のお咲ちゃんは、その典型だからね。

---

**説文**【龍】鱗《うろこ》のある動物の長である。暗くしたり明るくしたりでき、細くなったり、大きくなったり、短くなったり、長くなったりできる。春分に天に登り、秋分に淵《ふち》にもぐる。「肉」から構成され、飛ぶ形を示し、「童」の省略形が音である。

# 【分】

## 解とは昔なじみなんです

ご隠居　夏ばての白熊みたいな顔して、どうしたんだい。

熊　そういうご隠居だって、うらなりのナスみたいな顔してんじゃねえか。

ご隠居　おいおい、随分、虫の居どころが悪いようだね。

熊　そうよ。咲の夏休みの宿題を見てて、俺が「わかる」を「解る」って書いたら、鬼の首取ったみてえに「あー、間違った、間違った！」って。その言いようが、憎らしいのなんの。

ご隠居　ま、学校じゃ「わかる」は「分かる」としか習わないからね。

熊　ええ、そうなのかい？　「理解」って言葉だってあるし、「わかる」は「解る」って書いた方が、それこそ、わかりやすいだろ。

ご隠居　うん、よくそう言う人がいるね。まあ、「分」と「解」って字は姿形は違うけど、ほとんど同じ仲間の字だからね。

熊　ご隠居は優しいねえ。俺が落ち込んでるからって……。別に無理して、そんなことでっち上げなくてもいいんだぜ。

甲骨文

金文

ご隠居　いやいや、別にでっち上げてるわけじゃないさ。「分」は「八」と「刀」で出来てるだろ。「八」には「わける」って意味があってね。刀で切りわけるってことなんだよ。

熊　ふーん。あれっ、「解」にも「刀」が入ってるな。

ご隠居　そうそう。「解」は、「角」と「刀」と「牛」で出来てるだろ。「角」のある「牛」なんかの動物を「刀」で解体するっていうこと。そこから「バラバラにする」「とく」って意味になったんだ。

熊　なるほど。「分解」って言葉もあるもんな。でもその説明じゃ、分は「わける」で「わかる」じゃないだろ。

ご隠居　「分は解なり」って書いてる辞書もあってね。バラバラにして「見分ける」「明らかにする」「わかる」って意味に広がったんだよ。「検分」って言葉もあるだろ。

熊　まあ、そう言われれば「わかる」って字に「分」を使うのも、わかるけど……。

ご隠居　まあ、いつまでも腹を立ててないで、包容力を持ってお咲ちゃんにも接してあげなきゃ駄目だよ。

熊　そりゃ、難しいな。検分（けむ）たがられるだけだし……。

---

説文　わける。「八（＝わける）」「刀」から構成され、「刀」は物を分別するものである。

# 男

## 筋肉系というより管理系？

咲　ご隠居さま、夏野菜のおすそ分けで〜す。どうぞ。

ご隠居　おっ、キュウリにトマトにトウモロコシ……。うれしいねえ。どうしたんだい。こんなにたくさん。

咲　学校の畑で育てたんだよ。たくさん出来たから、みんなで分けたんだ。

ご隠居　そりゃ、そりゃ。お天道様のパワーがたっぷり入ってて、おいしそうだね。畑仕事、大変だったろ。

咲　うん。でも、男子ってだらしないんだよ。すぐ「疲れた」って言ってサボるんだもん。

ご隠居　そうなのかい。

咲　大体「男」って字は、「田んぼに力」って書くんだから、もっと頑張らないと駄目だよね。

ご隠居　なるほど。確かに『**説文解字**《せつもんかいじ》』っていう中国の古い字書には、「**男**」は「田で**力**を用いるをいう」なんて書いてあるからね。

甲骨文

金文

咲　でしょ。女子の方がよっぽど頑張ってるんだよ。

ご隠居　「**男**」って字の「**力**」の部分は、農作業で使う**耒**《すき》をかたどったものだって言われてるんだ。

咲　あっ、耕作の「耕」の左側と同じだね。

ご隠居　そうなんだ。でもね、その「力」の部分が、いわゆる力仕事みたいな筋肉系の話ではなくて、むしろ権力とか地位に関係してるんじゃないかっていう見方もあるんだ。

咲　えっ、どういうこと？

ご隠居　男が農耕をする人ではなくて「農地を管理する人」だっていう説なんだ。

咲　へー、そうなんだ。お役人みたいな人ってこと？

ご隠居　うん。中国では古くから諸侯を**公**・**侯**・**伯**・**子**・**男**に分けて格付けしたんだ。日本にも明治以降しばらくの間、同じような爵位があったんだ。

咲　あっ……男爵？

ご隠居　そうそう。男っていうのは、**男爵**のような身分を指したんじゃないかっていうんだな。

咲　そっかあ。力仕事の筋肉系じゃないんだ。それにしても、すぐサボろうとする男子って爵位（癪《しゃく》に）障るなあ。

**説文**　成年のおとこ。「田（＝耕作地）」「力」から構成される。「男」は「田」で「力」を用いることをいう。

# 御

## 馬も人も、思い通りに

ご隠居　お咲ちゃん、おいしい和菓子をいただいたんだよ。一緒にどうだい？

咲　わーっ、奇麗。アジサイをかたどってるんだ。和菓子って季節感がうまく表現されてて、いいよねえ。あれっ、「暑中御《お》見舞い」だって。

ご隠居　古くからの友達が送ってくれたんだ。

咲　いいお友達がいていいね。ねえ、「御」って、御見舞いとか御《お》菓子なんていうふうに、上品な言い回しのときに使う字でしょ。

ご隠居　うん、そうだね。この場合は、聞いている相手に上品な印象を与える言い回しだね。でも、「**御**」は「馬や車を操る」っていうのが、もともとの意味なんだ。**御者**って言葉はそこから出来たんだよ。

咲　あ、そうなんだ。**制御**っていう言葉もあるよね。

ご隠居　そうそう。機械がうまく働くように調整することだね。「思い通りに動かす」「支配する」「統治する」なんて具合に意味が広がっていったんだ。

咲　へえ。確かに、支配するっていうのは「うまく働くように調整する」っ

金文

甲骨文

て感じだもんなあ。

**ご隠居**　そんなとこから天子に関する言葉に「御」を付ける敬意表現が出てきたんだね。**御座**《ぎょざ》といえば天子が座る椅子、**御書**《ぎょしょ》は天子に進上する書物って具合。日本では、御見舞いとか御菓子なんて言い方も生まれたんだ。

**咲**　ふーん。でも、御が馬と近い関係だったとはなあ。

**ご隠居**　「**御**」はもともと「**卸**」って書いてたようなんだ。これは「午」と「卩」で出来てて、「**午**」が杵《きね》の形をした神の姿だとか、杵の形をした祭祀《さいし》用の器だとか言われてるんだ。

**咲**　「午」が神さま？

**ご隠居**　そうなんだ。で、「**卩**」が、人がひざまずく姿だっていうんだ。つまり、神を迎え、拝むことが最初の意味だったんだな。「御」には、君主のそばにいて衣服や食事の世話をしたり用事を言いつかったりする人って意味もあったようなんだよ。

**咲**　私は君主のそばで用事を言いつかるより、ご隠居さまのそばの方がいいなあ。

**ご隠居**　いいこと言うねえ。和菓子（私）もだよ。もう一つ、お食べ。

**咲**　和菓子ゲット！　ご隠居さまを御するのは、案外簡単なのだ。へへ！

---

**説文**　馬を操縦する。「彳（＝歩く）」「卸（＝馬を車から解く）」から構成される。「馭」は古文の御で、「又（＝手）」「馬」から構成される。

# 崖

## 岸や汀も「かけ」だった

熊　なんだい、急に「がけ」を見に行こうなんて……。ここのどこに、がけがあるっていうんだい。

ご隠居　ほら、こう川から岸に上がる部分があるだろ。これが、がけだよ。昔は「かけ」って具合に濁らなかったんだけどね。

熊　ふーん。そのがけが、どうかしたのかい。

ご隠居　熊、がけって字は「崖」って書くだろ。

熊　まあ、普通そうだな。

ご隠居　ところが辞書を見ると、「がけ」には岸とか汀《みぎわ》って意味もあるんだ。

熊　がけが岸とか汀って意味なのかい？　そりゃまた……。

ご隠居　そうなんだよ。それで少し調べてみようと思ってね。やっぱり崖って字は、かけと呼ばれる土手のような所には似合わないねえ。

熊　そりゃそうだよな。崖ってそれこそ**断崖絶壁**のイメージだからな。こんな川沿いの土手を崖とは書かないだろうよ。

ご隠居　そうだねえ。昔の人もそう思ったのか、「かけ」と呼んでた場所にふさわしい漢字を中国の本から探したようなんだな。

熊　そりゃご苦労だね。わざわざ漢字にしなくてもよさそうなもんだけどな。

ご隠居　まあ、そう言いなさんな。そうやって「かけ」って字にふさわしいと思われる「圻《キ》」「岨《ソ》」「峪《ヨク》」ってのを見つけ出したんだな。

熊　そうは言うけど、いままでにこんな難しい字、見たことないぜ。

ご隠居　うん。次第に「かけ」って言葉も使わなくなってきたしね。でも、面白いことにそれが地名で残ってたりするんだよ。

熊　へえ、そうなのかい。えっ、まさか、ここが……。

ご隠居　そう、ここは「垳《がけ》屋敷《やしき》」って地名なんだ。

熊　がけ？　でもさ、さっき言ってたのと字が違うじゃねえか。

ご隠居　そうなんだけどね、どうも「圻」を手で書いているうちに「垳」になり、読み方も「かけ」が「がけ」に変わったようなんだ。

熊　ふーん、随分ややこしいな。つまり、昔の人も漢字で苦労したってことなんだな。

ご隠居　あー、危ない。足滑らして落ちるかと思った。

熊　やだよ、ご隠居とこんなところで川に垳（駆け）落ちなんてさ。

**説文**　高くけわしいがけ。「屵(＝きし)」から構成され、「圭」が音。

# 𠔻

## 形と音があるのに「義未詳」

咲　見つけた、見つけた。ご隠居さま、みーつけた。

ご隠居　え、あたしはさっきからここにいるよ。

咲　そうじゃなくて……。ほら、これ見てよ。画数が一番多い字を見つけたんだ。この前、龍が四つで出来た「𪚥《てつ》」が、一番画数が多いって言ってたでしょ(※)。それ以外の字を見つけたんだ。

ご隠居　ああ、そういうことかい。で、どんな字だい？

咲　あれから漢和辞典を調べたんだ。そしたら、同じ六十四画に「興」が四つくっついた「𠔻」っていう字を見つけたんだ。

ご隠居　よく見つけたねえ。その字は、確か「セイ」って読むんだったかな。

咲　なんだあ、知ってたのかあ。でも辞書には「義未詳」としか書いてないんだよ。これ、どういうこと？

ご隠居　義未詳っていうのは「どういう意味の字なのか分からない」ってことなんだよ。

咲　えーっ、だって漢和辞典に載ってるんだよ。

ご隠居　そうだね。以前話した「𪚥」も「おしゃべり」って意味と「テツ」って読み方だけで、実際にどう使われたのかは、載ってなかっただろ。

咲　そりゃ、そうだけどねえ。それにしても字の読み方しか分からないのに、この漢字、よく生き残ったもんだね。

ご隠居　確かに不思議だよね。「興」はもともと「舁《ヨ》」と「同」で出来たものなんだってさ。ほら、舁の「臼」の部分を、真ん中で二つに割って間に「同」を入れるとそれらしい形になるだろ。だから興の部首は、臼なんだよ。

咲　へー、そうなんだ。舁の下の、凧《たこ》の足みたいな「廾」は？

ご隠居　これは「左右の手」を表してるって言われててね。「同」が「合わせる」って意味なんだって。それで、興は「力を合わせて持ち上げる」って意味があるようなんだな。でも、それが四つ組み合わさった「𠔻」にどういう意味があってどういう風に使われていたのかは、いまのところ分かっていないんだ。

咲　ふーん。𠔻は「興」が四つだからなあ。読みが「セイ」だけに、「せいの」ってかけ声で、大きなお神輿《みこし》を担ぎ上げるって意味なんじゃないかなあ。

ご隠居　そりゃ、どうかなあ。そこまで神輿（見越し）た字なのかどうか……。

※「𪚥」（94ページ）参照。

---

**説文**【興】起こす。「舁(＝いっしょにかつぐ)」「同(＝おなじ)」から構成され、力を同じくあわせる。

# 暑

## 燃えさかるたき火のように

ご隠居　朝晩の風が少し柔らかくはなったけど、もう九月も半ばだってのに暑い日が続くねえ。
熊　ほんとだよ。まるでたき火の上を歩いてるみたいだぜ。
ご隠居　そりゃ、大げさだろう。それじゃ、まるでなにかの修行みたいだね。
熊　こう暑い日が続くと、外を歩くこと自体が修行だぜ。
ご隠居　まあ、たき火の上を歩くってのも、悪いたとえじゃないかもしれないね。
熊　ご隠居、またまた、そういう難しいことを言って……。
ご隠居　いや、なにね、「暑」っていう字のことさ。
熊　なんだい、また漢字の話かい？　それなら俺にも分かるよ。「暑」ってのは「**日**」と「**者**」で出来てるから、者つまり人の上に日が照りつけてるってことだろ。
ご隠居　いやー、ちょっと違うんだな。
熊　だって、「者」の上に「日」じゃねえか。

ご隠居　暑いからってそうカッカしないでさ。問題は暑の「者」の部分なんだ。
熊　何が問題なんだい。
ご隠居　者はもともと「**者**」って書いてたんだ。これが柴《しば》を集めて燃やしている形を表してるっていうんだな。そこから太陽を表す「**日**」がついて「あつい」になったらしいよ。
熊　ああ、なるほどねえ。それで、たき火の上を歩くってたとえが、まんざらでもないって言ったのか。
ご隠居　そういうこと。中国・後漢時代の、語源を説明している『**釈名**《しゃくみょう》』って語学書には、「暑は煮なり」って書いてあるんだ。「熱くてものを煮るようだから」って説明してるんだ。
熊　この蒸し暑さには、ピッタリな解釈だな。
ご隠居　**暑**ってのが、呪符《じゅふ》を入れた器を土に埋めて、外から入ってくる悪い霊を追い払うことだ、なんていう説もあるんだ。
熊　そりゃまた、随分おどろおどろしいね。
ご隠居　そうだね。まあ、暑さ寒さも彼岸までって言うじゃないか。もう少しの辛抱さ。
熊　秋風に吹かれて月見ってのが、今の俺の悲願だよ。

---

説文　熱い。「日」から構成され、「者」が音。

# 【台】

## 元をただせば英語だった

咲　こないだの台風、風が強くて怖かったね。お父ちゃんなんて「机の下に隠れろ」とか言っちゃってさ。

ご隠居　それは地震のときだよ。ま、風も雨も強いからしっかり戸締まりして、外に出ないのが一番だね。

咲　ほんとにそうだね。傘は使えないし何が飛んでくるか分からないもんね。ねえ、台風の「台」って、雨や風が強いって意味があるの？

ご隠居　いや、意味は関係ないんだよ。**台風**は、古くは「**颱風**」と書いてたんだ。

咲　へえ、「台」の横に「風」がつくんだ。でも見たことないなあ。

ご隠居　いろんな説があるようだけど、中国で台風を「颱」っていう字で表してたようなんだ。

咲　へえ。そうなんだ。

ご隠居　明治時代に、英語の「タイフーン」に「**颱風**」って漢字を当てたらしいんだ。その後、「**颱**」を略して「**台**」と書くようになったんだな。

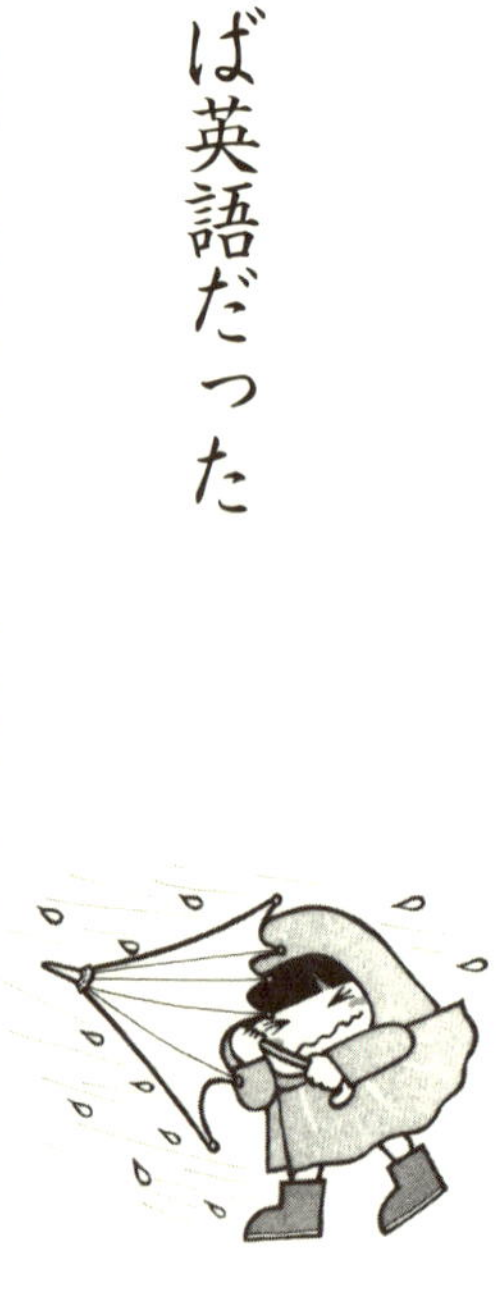

金文 台

説文【台】よろこぶ。「口」から構成され、「㠯」が音。

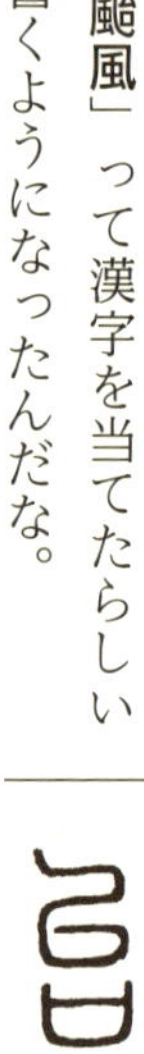

咲　なるほど。台風の「台」は、高台とか台形の「台」とは意味合いが違うんだね。

ご隠居　高台とかの「**台**」って字は、昔は「**臺**」って書いてたんだよ。

咲　なんか複雑……。

ご隠居　「**臺**」の上の部分の「**⿱吉冖**」が、二階造りの門を表す「高」の省略形の上に飾りがついた形でね。

咲　へえ、門の形かあ。

ご隠居　そこに建物を建てるために、矢を放って縁起のいい場所を占うって意味の「**至**」を組み合わせたと言われてるんだな。

咲　それで高い建物や高い土地っていう意味になるんだね。それにしても「**臺**」が「台」って、随分簡単になったね。

ご隠居　もともと「**臺**」と「台」は別の字でね。「**台**《イ》」は「よろこぶ」なんて意味があったんだ。音も近かったから、「**臺**」の俗字としてよく使われてたようだよ。おや、熊が走ってきたけど？

咲　あっ、忘れてた。タイフーン（大変）だ！　今日は家族でタイ料理を食べに行くんだった。ご隠居さま、またね～。

ご隠居　まったく、台風一家（一過）とはこのことだね。

---

**説文**【臺】〔土を盛り上げて作った〕台観。四方形で高い造成物。「至(＝至り止まる)」「之(＝地上に出る)」と「高」の省略形とから構成される。〔「至」から構成され、止まり休む意は〕「室(＝いえ)」「屋(＝いえ)」と同意である。

# 【量】

## はかり知れない使い分け

熊　三年ぶりに人間ドックに行ってきたんだ。驚いたねえ。今はメタボリック診断ってのがあってさ。

ご隠居　へえ、太りすぎを調べてくれるのかい。

熊　そうなんだよ。腹回りもはかられるんだぜ。

ご隠居　熊の場合は、その必要ないだろ。その太鼓腹を見れば、はからなくても分かりそうなもんだしさ。

熊　まあ、そう言うなよ。それでだ、体重計で体重測定だろ。同じ「はかる」って意味なのに「**計**」と「**測**」。使い分けてるんだよな。

ご隠居　確かにねえ。「重量をはかる」なんて場合は「量」だしね。

熊　そうそう、ちょっとややこしくねえかい。

ご隠居　こういうのを同訓異字って言うんだ。同じ訓読みなんだけど、字が違うってことだね。

熊　どういうふうに使い分けるんだい。

甲骨文

金文

ご隠居　それは難しいねえ。もともと「量」って字は、穀物なんかを入れる袋の上に、漏斗《じょうご》を付けた形から出来てると言われててね。「穀物の重さ」とか「容積をはかる」ってことなんだ。

熊　「計」は計算とか？

ご隠居　うん、「**計**」は「**言**」と「**十**」で出来てるだろ。「**十**」が数のひとくくりを意味して、「数えあげる」とか「合わせる」ってことなんだ。

熊　なるほどね。「測」には、「**氵**」（さんずい）が付いてるけど……。

ご隠居　これは、中国の古い字書『**説文解字**《せつもんかいじ》』に「水深をはかる」って意味で載ってるんだな。

熊　そうかあ。でも、それがみんな「はかる」で、同じような使い方になってるだろ。おまけに「**計測**」「**計量**」「**測量**」なんて言葉もあるから、余計、面倒なんだよな。「測」が水深をはかるっていうけど、水深と体重測定は無縁だもんな。「はかる」をどう書けばいいか、ほんと迷うよな。

ご隠居　日本語の「はかる」っていう言葉の概念と、中国から入ってきた漢字がピッタリ合わないんだろうね。だから迷ったらまず辞書の用例を見て、それでも分からなかったら平仮名、これが一番賢いんじゃないかい。

熊　えーっ、平仮名？　そういう結論かい。俺の腹より締まりがねえな。

---

説文　軽重をはかる。「重（＝おもい）」から構成され、「曏」の省略形が音。

# 【令】

## 妻の言うことは絶対だ！

咲　なになに、それ。あっ、結婚式のご案内？

ご隠居　先だって学生時代の親友から連絡があってね。息子が結婚することになったから、披露宴に出てくれって。

咲　へえ。友達の息子さんの結婚式に？　随分、仲がいいんだね。それにしても立派な案内状だこと。ご隠居さま、これ何？

ご隠居　ああ、「**令夫人**」かい。これは「れいふじん」って読んで、身分の高い人やよその人の妻を敬う言い方なんだよ。

咲　おばちゃんもお呼ばれしてるんだ。でも、令夫人の「令」って命令の令でしょ。敬うときに使うのは、なんか違和感あるなあ。

ご隠居　そうだね。「**令**」っていうのは、冠を着けた人がひざまずいた姿だとか、人を集めて言いつけることだとか言われてるんだ。

咲　へえ、そうなんだ。

ご隠居　どうも、神のお告げや君主の宣告を恭しくいただいて、それを人々に伝

甲骨文

金文

えるってことのようなんだな。

**咲**　ああ、神さまのお告げとか……。だから絶対なんだ。

**ご隠居**　そう。それで「**命令**」ってことになるんだね。

**咲**　なるほどねえ。

**ご隠居**　やがて、命令を言い渡すその人を「**令**」って言うようになったんだ。日本でも明治の一時期、知事のことを「**県令**」って言ってたんだよ。

**咲**　あっ、そうか。それで命令する人が「偉い」「身分が高い」なんていうことに……。

**ご隠居**　そうそう。立派な人を指す言葉としても使われるようになったんだ。だから敬意を込めて「**令夫人**」って言い方が生まれたんだろうね。「**令嬢**」なんて言い方もあるだろ。

**咲**　えっ、私のこと？

**ご隠居**　いやー、「令夫人」というよりも「失礼夫人」ってとこじゃないのかい。

**咲**　いじわる！　あっ、分かった。おばちゃんを令夫人って呼ぶのは、おばちゃんの言うことが絶対で、ご隠居さまも、それには逆らえないって意味なんだよ、きっと。

**ご隠居**　ぐさっ！　そういう的を射た仕返しは、避けた方が県令（賢明）だよ。

---

**説文** 命令を下す。「亼(＝集め合わせる)」「卩(＝割り符)」から構成される。

# ❖常用漢字って？②

咲　二〇一〇年に常用漢字表が改定されたっていうけど、常用漢字って昔からあったの？

ご隠居　うん。少し遡って説明すると、戦後の一九四六年に、千八百五十字の**当用漢字表**っていうのが出来たんだ。公文書なんかは、この漢字だけを使って書くようにって言われてたんだよ。

咲　それはそれで無理があるでしょ。

ご隠居　将来、漢字を廃止することも考えてたんだよ。でも、漢字が生活に密着してたこともあって、一九八一年に千九百四十五字の**常用漢字表**を作ったんだ。このときから、漢字を使うときの目安ってことになったんだよ。

咲　目安ってどういうこと？

ご隠居　できるだけ漢字表の範囲で書こうってこと。それが無理なら、読み仮名をつけたり易しい言葉に置き換えたり、工夫しましょうってことなんだ。

咲　へえ。常用漢字って「常に用いる漢字」ってことだもんね。みんなが分かった方がいいもんね。

ご隠居　そうだね。漢字への理解は国民みんなで育んでいくものだからね。

咲　常用（蝶《ちょう》よ）花よと育てなくちゃね。

# 第三章 秋

さえのぼる月の光にことそひて
秋の色なる星合の空
（藤原定家）

# 【食】

## 器に盛られたおいしい食材

ご隠居　しかし、よく食べるねえ。食べ放題とはいえ、お咲ちゃんだけでもう焼き肉五人前は、いってるよ。

咲　そりゃそうだよ。ようやく涼しくなって、食欲の秋到来だよ。いま食べなくていつ食べるの？　さ、ご隠居さまも遠慮しないで。

ご隠居　いやいや、あたしは程々でいいけどさ。

咲　それに「食」って字を見てよ。「人」と「良」で出来てるから「人を良くする」ってことでしょ。たくさん食べなきゃ。

ご隠居　あっ、引っかかったな。

咲　何が？

ご隠居　違うんだなあ。「人」と「良」で出来てるってのがさ。

咲　どうして？

ご隠居　食はもともと「亼」と「皀」で「食」って書かれてたんだ。

咲　あれ、全然形が違うね。「人」と「良」じゃないんだ。

甲骨文

金文

ご隠居　「亼」の部分が「集めてふたをする」。「皀」の部分が器を意味するって言うんだな。だから、食は、「器に盛られた食材」ってことなんだ。

咲　それで「たべる」なのかあ。あれ、亼って「合」の上の部分と同じだね。

ご隠居　そう。「合」にも「集める」って意味合いがあるだろ。

咲　ああ、そう言われれば、そうだね。

ご隠居　「皀」の部分が、米粒が籾《もみ》に入っている形だとか、穀物を盛った形だっていう説があるんだよ。

咲　「喰《く》（う）」って字は？

ご隠居　これは、日本で作られた字だって言われてたんだけど、その昔中国で、食事って意味の「餐《さん》」の異体字として使われてたらしいんだな。

咲　晩餐の「餐」だね。異体字って？

ご隠居　同じ意味を持つ字なんだけど、標準の形と違うものをいうんだな。

咲　へー。「喰」と「餐」じゃ、随分形が違うね。でも、「食」に「口」（くち偏）が付くと何となく上品な感じがしないね。

ご隠居　うん。でも、今のお咲ちゃんの喰いっぷりにはピッタリな字だと思うよ。

咲　えーっ、食（ショック）！　喰がピッタリだなんて、くち偏がつくだけに口惜《くちお》しい！

説文　一まとめにした米。「皀（＝穀物のかおり）」から構成され、「亼」が音。別の説に、「亼（＝集める）」「皀」から構成される、とする。

# 【静】

## 部首が読みも示す個性派

熊　ふーん、昼はすし屋で夜は中華料理か。きっと、いいもの食ってるんだろうなあ……。

ご隠居　おや、何ひがみっぽいこと言ってるんだい。

熊　いやね、新聞の「首相**動静**」って欄を最近読んでるんだよ。総理大臣の一日ってどうなってんのかなって興味でさ。そしたら案外面白くて、いまじゃ毎日目を通してるんだ。しかしご隠居、動静の「静」って読み方、よくよく見ると、ちと変わってないかい。

ご隠居　どうしてだい。

熊　以前、ご隠居も言ってたと思うんだが、ふつう音読みって、漢字の部首じゃない方の音で読むだろ。「セイ」なら「性」とか「誠」みたいにさ。**性**の部首は「**忄**」（りっしん偏）だし、**誠**は「**言**」（ごん偏）だろ。これは読みと関係ないだろ。

ご隠居　随分、賢くなったねえ。熊が言いたいのは、「**静**」は「**青**」が部首だから、

金文

金文

熊　「セイ」じゃなく「**争**」の「ソウ」って読むのが筋だろうってことだね。そうそう。俺もご隠居と長いから、門前の小僧みたいになっちまってさ。

ご隠居　そりゃ、可哀想《かわいそう》に。確かに中国の『**説文解字**《せつもんかいじ》』っていう古い字書では、「**争**」の部分が音を担ってるとしてるんだ。まあ、いまでは静の音は「青」が表すっていうのが一般的かな。**青**は「**靖**」にも通じて「争いや取り合いをやめる」「しずめる」って具合に意味が広がったようだよ。

熊　へえ。それじゃ静は珍しいパターンなのかい？

ご隠居　うん、そうだろうねえ。例えば「コウ」と読む「功」「攻」「項」なんかは音を表す「**工**」が部首のように見えるけど、「**功**」は「力」、「**攻**」は「攵」、「**項**」は「頁」が部首なんだよ。

熊　なるほどねえ。

ご隠居　ただ、静の成り立ちには、「**争**」が「あらそう」じゃなくて、農業に使うすきを上下から持っている形を表すっていう説もあるんだ。すきを清めて虫害をはらう、農業の儀礼のことだっていうんだな。

熊　一筋縄じゃいかねえな。「あら、そう」って具合にすっきりしないけど、腹も減ったし、すしでも食いに行かないかい。

ご隠居　あたしたちは静々（せいぜい）回転ずしだね。

---

**説文** 審《つまび》らかなさま。「青（＝はっきりした色）」から構成され、「争」が音。

# 特

## 大きくて立派なオスの牛

ご隠居　えーっ、また焼き肉かい？　せんだって行ったばっかりじゃないか。

咲　違うんだよ。今度のお店は、おすしも食べ放題なんだよ。

ご隠居　まったく、どこでそんな情報を手に入れてくるんだい。

咲　新聞のチラシだよ。「特別大奉仕」だってさ。

ご隠居　特別大奉仕ねえ。ま、牛肉だけに的を射てるか。

咲　えっ、何それ。

ご隠居　**特別**の「特」だよ。

咲　特が牛肉と関係あるの？　**特**って「飛び抜けてすごい」って意味でしょ。電車の**特急**っていえば「一番速い」ってことだもんね。

ご隠居　そうだね。それはそれで間違っちゃいないさ。でも、お咲ちゃん、特の字をよーく見てごらんよ。

咲　あれっ、特って字には「牛」が入ってたんだね。これまで、まったく気にしてなかったなあ。

石鼓文

ご隠居　そうだろうね。「**特**」は、もともと「**牛**」、それも「オスの牛」ってことだったんだよ。

咲　オスの牛？

ご隠居　大きくて立派な種牛とか、古代の中国で祭祀《さいし》の犠牲にするために選ばれた牛のことだっていうんだ。

咲　それで「特別な」って意味になるの。

ご隠居　そう。牛に限らず三歳くらいの獣を指すこともあるようだよ。

咲　「特」の右側の「**寺**」って部分はなんなの？

ご隠居　「立つ」って意味もあるようだけど、音を表してるっていう説が、専らだね。

咲　でも寺は「ジ」って読むんじゃないの？

ご隠居　「**等**」は「トウ」だし、「**待**」は「タイ」だろ。「**寺**」の部分が音を担うものにも、「ジ」とは読まない仲間があるんだよ。

咲　そうなんだ。ね、ほら、もう行列できてるよ。きっとお店の中も牛牛（ぎゅうぎゅう）詰めだよ。

ご隠居　久々にステーキ（すてき）な駄洒落《だじゃれ》……わああ、牛牛どころか客で犇《ひし》めいてるじゃないか。

---

**説文** 去勢していない牛。たね牛。「牛」から構成され、「寺」が音。

# 図

## 田畑を囲んで境界を描く

ご隠居　熊、芸術の秋、美術館に来るのもいいもんだろ。
熊　ああ。でも、枯れ葉に埋もれたイモって絵は、どうなんだい？　しかも題が「イモ深し」だって。どう考えたって「ふかし芋」と「秋深し」の駄洒落《だじゃれ》としか思えないけどな。
ご隠居　この良さが、分かんないかねえ。
熊　ちっとも。俺は子どものころから図画工作は苦手だったし。だいたい、図画の「図」ってのも、何だかよく分かんねえ形してんじゃねえか。
ご隠居　なるほど。「図」ってのは、もともと「口」と「啚」で出来た「圖」でね。
熊　図の中の部分は「ツ」に「丶」じゃないのかい。
ご隠居　うん、そうなんだよ。口は「くにがまえ」で、囲むっていう意味。「啚」は米倉を表したって言われてるんだ。
熊　米倉を囲む……？
ご隠居　米倉ってのは、耕作地の象徴なんだな。「図」っていうのは「耕作地の

金文　圖

境界」「その境界を表した地図」のことなんだよ。そこから「はかる」「計画する」なんて意味もでてきたんだ。

熊　地図ってことか。でもご隠居、それだと**図画**って場合の「図」の説明には、当てはまらないだろ。

ご隠居　まあ、物の形を描いたものという点では一緒だよ。絵に限らず描かれた物、つまり書物のことを**図書**っていうんだ。

熊　図太《ずぶと》いとか図星って場合は？

ご隠居　**図太い**は、日本での用法で、当て字だと言われてるんだ。

熊　当て字？

ご隠居　うん。程度が甚だしいことを表すときに言葉の頭に付ける「ず」に「図」を当てたもんなんだ。

熊　へえ、なるほどねえ。じゃ、図星ってのも当て字ってことかい？

ご隠居　**図星**は「的の中心」とかっていう意味の言葉でね。どうも当て字ってわけじゃなさそうなんだ。

熊　ややこしいね、どうも。そういや、咲が子どものころにゃ、よく布団に**図抜《ずぬ》け**て大きな**地図**を描いてたなあ。

ご隠居　まだ小さかったからね。そりゃ、図書も（どうしようも）ないよ。

---

**説文** 計画して〔その困難さに〕なやむ。「囗（＝かこむ）」「啚」から構成される。「啚」は困難の意である。

# 【家】

## 屋根の下、みんなが集まる

ご隠居　ほう、宿題やってるのかい。感心感心。

咲　うん。「家族」って題の作文なんだ……。

ご隠居　どれどれ。「お父さんは、お家ではいつもごろごろしています」って、随分な言いようだね。

咲　だって本当だもん。

ご隠居　でもお咲ちゃん、「**お家**」って書くと「おいえ」って読まれちゃうんじゃないかな。

咲　えーっ、「家」は「うち」って読まないの？

ご隠居　うん。学校で習う読み方だと、「いえ」の他に「**借家**」の「や」、「**家宝**」の「カ」、「**家来**」の「ケ」の四つだけなんだな。

咲　そうは言うけど、「うち」って読むじゃない。「**○○さん家**」って書けば「ち」って読むしさ。

ご隠居　そう読ませる場合もあるね。「うち」は「いえ」の意味でも使うからねえ。

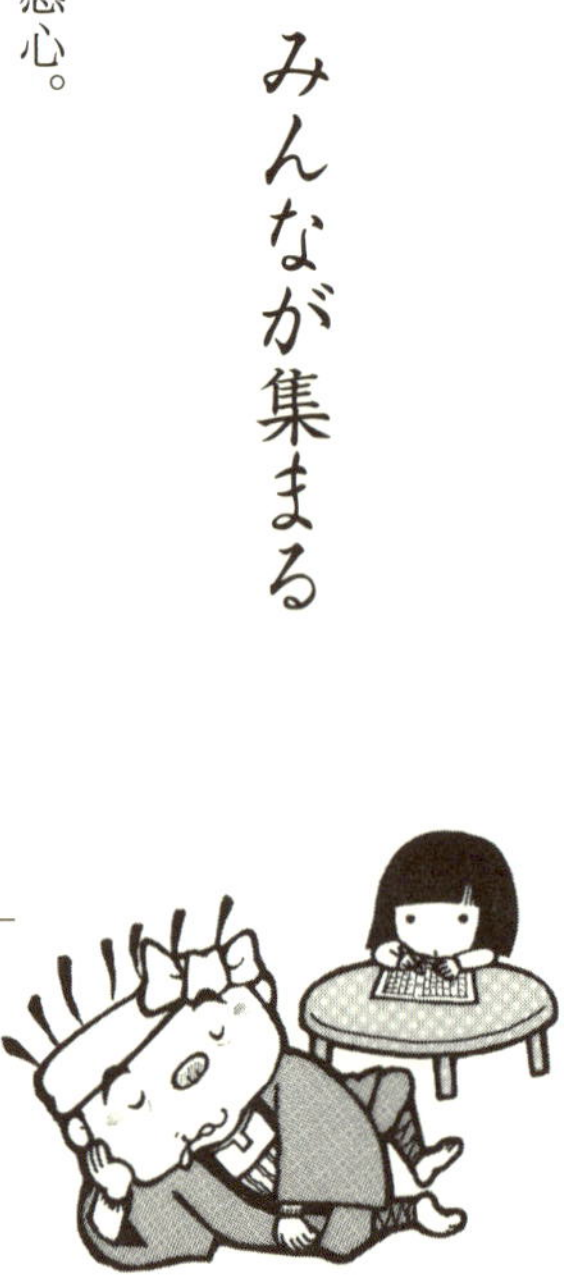

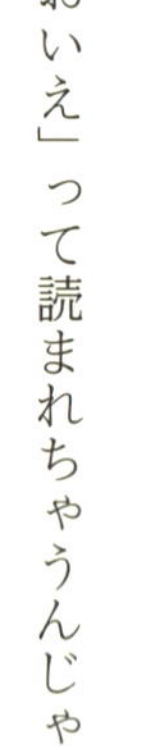

甲骨文

金文

ただ、「うち」を正式な読み方として載せてる辞書は、少ないと思うよ。

咲　そうなのかあ。ご隠居さま、「家」の下の部分って「豚」にも似てるね。

ご隠居　うん。この字は屋根を表す「宀」（ウ冠）に豚を表す「豕」がついて、大切な家畜がいる場所とか、いけにえを埋めて地鎮を行った神聖な建物っていう意味があったようなんだ。

咲　いけにえ！　ちょっと、おどろおどろしいなあ。

ご隠居　そうだね。でも、そういう場所の周りに人が集まるから、住むところ、つまり家を示すようになったっていうんだな。決して家でごろごろしてて、次第に豚のようになったってわけじゃないからね。

咲　わあ、私、お父ちゃんのことをそこまで書いてはいないからね。

ご隠居　いや、なに、あたしだってそんなことを言いたいわけじゃ……。

咲　ご隠居さま、そこは私の腹におさめましょう。でも、人が集まるってことから**家族**とか**家柄**の意味に広がったのも、分かる気がするね。

ご隠居　「家」の成り立ちも分かったところで、**家長**の熊のことも、もう少し優しく書いてあげたらどうだい。

咲　でもね、お父ちゃんがごろごろしてるのには、わけがあるんだよ。何しろ「家宝（果報）は寝て待て」が座右の銘だからさ。

---

**説文**　すまい。「宀（＝いえ）」から構成され、「豭」の省略形（豕）が音。

# 【寺】

## 役所に泊まった西国の僧

ご隠居　旅に出たいねえ。あたしは、寺の庭を眺めるのが好きなんだ。何も考えず、ボーッとしてると心が洗われるようでね。

熊　別に寺に行かなくたって、ご隠居はいつもこの縁側でボーッとしてるじゃねえか。

ご隠居　どうして、そういう嫌みを言うかねえ。

熊　はははは。でもさ、「寺」って字は大昔からあるのかい？

ご隠居　うん。三千年くらい前の中国の青銅器にも鋳込まれてたようだよ。

熊　ってことは、そのころから寺には、お坊さまがいたってことなんだよな。

ご隠居　いや、仏教が西域を経由して中国に伝わったのが紀元一世紀前後だって言われてるからね。「寺」って字は、それよりずっと前からあるんだよ。

熊　えっ、それじゃ、お坊さまがいない寺って、何するとこだったんだい。

ご隠居　「寺」って字の成り立ちには色々な説があるんだが、その一つに「手で持つ」って意味だったってのがあるんだ。

金文

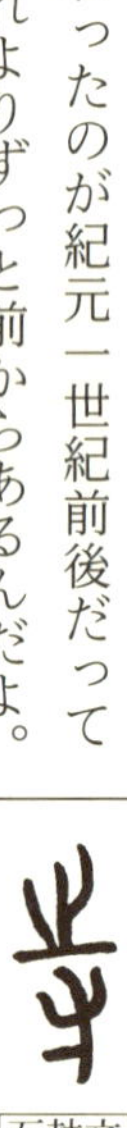

石鼓文

熊　確かに「**持**」には「**寺**」がついてるもんな。寺は「土」と「寸」でできてるんだろ。

ご隠居　うん。**寺**って字の「**土**」の部分は、「**止**」が変化した形らしくてね。「とどまる」とか「足」って意味。「**寸**」は手を表してるらしいんだ。

熊　つまり……？

ご隠居　「法を持してとどまる」とか「手足を動かして働く」。それが次第に「役所」を指すようになったんだ。

熊　寺ってのは、役所のことだったのかい。

ご隠居　そう。中国の南北朝時代の北斉《ほくせい》のときに**鴻臚寺**《こうろじ》っていう外交を担う役所が設置されたんだ。ここに西国の僧を泊めたことから「寺」が仏寺の意味になったそうだよ。

熊　へえ、そういう話だったのか。

ご隠居　そうなんだ。中国で最初に造られた仏寺は**白馬寺**で、後漢の明帝《めいてい》が建立したって言われてるんだよ。

熊　よく知ってるねえ。あ、コオロギの鳴き声だよ。

ご隠居　ね、縁側の先のこんな小さな庭にだって四季の移ろいはあるんだよ。心に寺院（ジーン）とくるだろ。

---

**説文**　朝廷。法度を維持するところ。「寸（＝法度）」から構成され、「之」が音。

# 【話】

## 時代と場所で異なる発音

咲　お父ちゃんが「何か悩みはないのか、聞いてやるぞ。さ、話してみろ」っていきなり言うんだよ。何かないかって言われても、ねえ。

ご隠居　ははは。熊らしいね。いやね、この前、「親子の会話は大切だよ」って話したとこなんだ。

咲　それにしても唐突すぎるよね。でも、ちょっといいことも言ってたんだよ。会話の「話」ってのは、言葉を舌にのせて運ぶもんなんだって。

ご隠居　あ、またそんなでたらめ言ってるのかい。

咲　えっ、でたらめなの？

ご隠居　うん。「**話**」はもともと「**䛡**」って書いてたんだ。旁《つくり》の「**舌**」に見える部分は「**𠯑**」が変化した形なんだな。

咲　あっ、そう言えば「舌」が付いていても、「話」を「ゼツ」とは読まないもんね。

ご隠居　そうだろ。「**𠯑**」には「カツ」って音があるからね。

咲　カツ？

ご隠居　そう。「活」や「括」は「カツ」って読むだろ。この旁の部分も、もともと「昏」だったんだ。

咲　そうか。じゃ、なんで話は「ワ」って読むの？

ご隠居　これは呉音《ごおん》といって、五～七世紀頃日本に伝わった発音が基になってるからなんだよ。

咲　へえ、初めて聞いたなあ。

ご隠居　八～一〇世紀頃に伝わった、北部の発音を漢音《かんおん》っていうんだ。漢字の多くは、漢音が読み方の基になってるんだけどね。「美」は「ミ」が呉音で、「ビ」が漢音って具合だな。

咲　同じ漢字でも時代によって、発音が違うんだね。それじゃ、「話」には漢音もあるの？

ご隠居　うん。一般的には使われないけど、「カツ」に近い「カイ」や「カ」っていう読み方があるんだよ。

咲　そっかあ。この話、お父ちゃんとの会話に役立ててみようかな。ご隠居さま、この呉音（ご恩）は忘れませんからね。

ご隠居　あの二人、なんの漢音（かんの）言っても、仲がいいんだねえ。

**説文** 立派なことばを集め合わせる。「言」から構成され、「昏」が音。『春秋伝』〈左・文六〉に「告二之話言一《これニわげんヲつグ》（＝立派なことばを告げる）」という〔現行『左伝』は「告」を「著」にする〕。

# 【辞】

## もつれた糸を解きほぐす

熊　ご隠居、聞いたよ、咲から。「話」ってのは、舌に言葉をのせて伝えるって意味じゃないんだってな。すっかり咲にばかにされちゃったよ。

ご隠居　そりゃそうだろうよ。お前さんみたいなのを**半可通**っていうんだよ。

熊　はんかつう？

ご隠居　知ったかぶりってことだよ。

熊　えーっ、そこまで言わなくても……。ほら、辞書の「辞」にも「舌」がついてるだろ。これは舌にピリッと辛口の解説が載ってますってことじゃないのかい。

ご隠居　また、いい加減なことを。「**辞**」ってのは、もともと「**辭**」って書いてたんだよ。

熊　へえ、これも「舌」じゃないのかあ。で、「辭」の左側のややこしい形の部分は何なんだい。

ご隠居　これは「もつれた糸」を表してるっていうんだな。「**乱**」の旧字体は「**亂**」

金文　辭

って書くんだけど、この左側と一緒だろ。ほら、「もつれた糸」と「みだれる」とは似た感覚があるだろ。

熊　でも、辞の「**辛**」の部分は「からい」って意味だろ。

ご隠居　うん。でも、ここでは「針」のことなんだな。辭つまり辞は、「もつれた糸を針で解きほぐす」っていうことのようだよ。

熊　それが辞書とどういう関係になるんだい。

ご隠居　糸を解きほぐすってことから「罪を筋道立てて治める」。そこから、罪による乱れを裁いたり弁護したりする「言葉」。他にも「辞」が「**詞**」と同じような意味があって「言葉」のことだとか言われてるんだ。「**祝辞**《しゅくじ》」と「**祝詞**《しゅくし》」、「**答辞**《とうじ》」と「**答詞**《とうし》」……。これは同じ意味の言葉なんだよ。

熊　そうなのか。つまり、辞には言葉っていう意味があるってことなんだな。それで**辞書**とか**辞典**との結びつきが出てくるんだな。

ご隠居　そうだね。他にも、「**辞去**」とか「**辞職**」、「**辞任**」っていうと「やめる」って意味にもなるし、「辞」っていうのも、なかなか守備範囲が広いよね。

熊　なるほどなあ。これからはしっかり言葉を勉強して、半可通（ハンカチ）王子にならないようにしねえとな。はい、きょうはこの辺で、舌がもつれないうちに辞去いたしやす。

---

**説文** 訴え弁明する。「𤔔(＝おさめる)」「辛(＝つみ)」から構成され、ちょうど「罪をすじ道をたてて治める」という意と同じである。

# 風

## 鳳と竜の行き着く先は？

咲　急に寒くなったね。夏が猛暑だったから、こたえるよね。ご隠居さまは、風邪ひいたりしてない？

ご隠居　ありがとう。お陰さんで大丈夫だよ。それにしても、北海道じゃもう雪が降ったそうだよ。

咲　東京でも木枯らし一号が吹いたって。もう冬の入り口だね。

ご隠居　こう急激に寒くなると、動物や虫たちも冬支度に大わらわだろうね。

咲　あっ、そうかあ！

ご隠居　ウワッ、どうしたんだい。急に大きな声出して。

咲　虫の冬支度でひらめいた！　ずっと考えてたんだよ。「風」っていう字。ちょうどこの季節になると、みのをまとったミノムシが枝から糸をひいて、冷たい風に吹かれて揺れてるの見たことがあるでしょ。

ご隠居　ああ、あるけど。それがどうかしたのかい？

咲　ね、その姿を大昔の人も見たんだよ。だから、「風」って字の中に「虫」

甲骨文 凡

甲骨文

➘ て変態する。「虫」から構成され、「凡」が音。

があるんだよ。

ご隠居　なるほど、面白いねえ。でも、「風」はもともと「鳳《おおとり》」って書いていたようなんだ。

咲　「おおとり」って、想像上の鳥の鳳凰《ほうおう》のこと？

ご隠居　そう。大昔の人は、鳳を風の神だと思ってたみたいなんだ。

咲　それがなんで……。

ご隠居　詳しいいきさつは分からないんだが、「鳳」が太平の世に現れるめでたい鳥だから、「かぜ」って意味のときには「風」にしたって説があるんだ。

咲　「鳳」と「風」を区別するのは分かるけど、なにも、鳥の餌になる「虫」をつけなくてもいいじゃないねえ。

ご隠居　いやいや、ここでいう「虫」ってのは、鳥の餌になるような昆虫じゃなくて生き物全般のことを指していたようなんだな。かぜをはらんだ帆を表す「凡」と「虫」からできたっていう説もあるんだ。

咲　字の形から見ると分かりやすいね。

ご隠居　うん。この場合の「虫」は「風雲に乗る竜」だっていうんだな。

咲　へー、竜なんだあ。それにしても鳳をあっさり虫に変えちゃうなんて、それこそ随分「虫のいい話」だね。

---

**説文** 八風である。東方のものを明庶風、東南のものを清明風、南方のものを景風、西南のものを涼風、西方のものを閶闔《ショウコウ》風、西北のものを周風、北方のものを広莫《コウバク》風、東北のものを融風という。風が吹くと虫が生まれる。したがって虫は八日にし↗

# 装

## 食事も見栄えが大事です

咲　ご隠居さま、ここのトンカツ屋さん、ご飯とキャベツとおみそ汁のお代わり自由なんだよ。
ご隠居　そうなのかい。随分、豪気だね。
咲　でしょ。お父ちゃんなんか、キャベツだけで、ご飯二膳《ぜん》は食べるからね。
ご隠居　そりゃまた。だから、あのお腹《なか》なんだろうねえ。
咲　ご隠居さま、ご飯のお代わりしなくていい？
ご隠居　そうだね。軽くよそってもらおうかね。
咲　えっ、なに？　「よそって」って。
ご隠居　聞いたことないかな。ご飯を盛ることを「**よそう**」って言うんだよ。
咲　へえ、知らなかった。どんな字を書くの？
ご隠居　「装」って字だよ。
咲　え、それ「よそお（う）」って読むんじゃないの？
ご隠居　うん、「よそ（う）」って読み方は、学校では習わないかもしれないね。

咲　ふーん、大体「装」って「身繕いする」って意味じゃないの？

ご隠居　「**装**」は、かつて「壯」って書いてた「**壮**」の部分と「**衣**」で出来てるんだ。「**壮**」が「ソウ」とか「ショウ」って音の元になってるんだ。

咲　そうなんだ。「衣」が付いてるから、なにか衣装に関係してるんでしょ。

ご隠居　そう。もともとは「つつむ」って意味があってね。「**装**」は、服や用具なんかをととのえ身につけるってことなんだ。

咲　それがなんで、ご飯を盛るって意味になるの？

ご隠居　身を包むってことは、身支度をととのえるってことだろ。そんなところから「外見をととのえる」「座席をととのえ、しつらえる」って意味に広がっていったようなんだな。

咲　準備するってこと？

ご隠居　そう。そういうこと。それで「食べ物をととのえる」「器にととのえて盛る」って使い方にもなったんだ。

咲　奇麗に盛りつけた食事って目でも楽しめて、味だけじゃ表現できない広がりがあるもんね。

ご隠居　わ、大人のコメント、ありがとうございます。

咲　すいませーん。ご隠居さまにご飯、私にキャベツのお代わり大盛りで！

---

説文　つつむ。「衣」から構成され、「壯」が音。

# 陀

## ヘビのようにクネクネと

熊　ほら、言わんこっちゃない。まだ紅葉には早いって言ったろ。

ご隠居　いやー、このところぐっと冷え込んできたからさ……。ここのお寺の庭は、モミジが奇麗なんだよ。

熊　まあ、モミジ狩りは次の機会にしようぜ。きょうのところは、阿弥陀《あみだ》さまのご尊顔を拝して帰ろうや。

ご隠居　そうだねえ。そうするかねえ。

熊　それにしてもご隠居、**仏陀**《ぶつだ》とか**阿弥陀**とかについてる「陀」ってのは、なにかご利益のある字なのかい。

ご隠居　いや、「陀」っていう字に、ご利益があるってわけじゃないんだよ。

熊　やっぱりそうなのか。だって、「陀」って字は「蛇」に似てるもんな。

ご隠居　確かにね。「**它**」の部分は「ダ」っていう音の元になってるんだけど、同時にヘビの形を表してるって説もあるからね。

熊　ほんとかい？

金文

ご隠居　うん。そんなことから「**陀**」には「曲がっている」とか「斜めにのびた地形」なんて意味があるんだ。

熊　阿弥陀ってのは、曲がった仏さまってことなのかい？

ご隠居　また、罰当たりな。**阿弥陀**は浄土にいる仏さまの名前で、古代インドのサンスクリット語の Amita の発音に近い字を当てはめたもんなんだ。

熊　ってことは……。

ご隠居　まあ、当て字の一種って言ってもいいだろうね。この場合「陀」っていう漢字の意味は関係ないんだ。

熊　へえ、ってことは、音だけがよりどころってことなんだな。

ご隠居　うん、そうだね。悪法を断ち切る仏の教えをすべて備え持っているって意味の「**陀羅尼**《だらに》」とか、僧が修行の旅をするときに経文などを入れる「**頭陀袋**《ずだぶくろ》」とか仏教用語に多く使われてるんだ。ま、平たく言えば、「テンプラ」って言葉に「**天麩羅**」って字を当てたようなもんだな。

熊　そりゃまた、随分平たくなっちゃったねえ。それじゃ、阿弥陀さまも安物のエビ天食わされたようなもんだな。

ご隠居　なんだい、そりゃ。

熊　目に阿弥陀（涙）、あつい衣にあぶら汗。お粗末！

# 【察】

## 神意伺い、真相を明らかに

咲　この前、学校の社会科見学で警察署に行ったんだ。私ね、そのとき面白いこと発見したんだよ。

ご隠居　ほー、発見って、何を見つけたんだい。

咲　警察の「察」って字には「祭」が入ってるんだよ。警察って何となく怖いイメージなのに、お祭りだなんて、案外おちゃめだよね。

ご隠居　ははあ。確かに楽しいお祭りと警察とじゃ、ギャップがあるね。

咲　でしょ。

ご隠居　でもね。この「**祭**」っていうのは、肉を意味する「**月**」と、手を意味する「**又**」、神事とか祭壇を表す「**示**」で出来てるんだよ。

咲　ってことは、「祭」は神様に肉をお供えするってことなの?

ご隠居　そういうこと。

咲　えー、お祭りって、夜店が出て金魚すくいしたり綿あめ食べたりするんじゃないの?

ご隠居　そうだねえ。大昔の祭りっていうのは、神事だったんだ。だから、お咲ちゃんが思い描く楽しいお祭りとは、意味合いや雰囲気が少しばかり違うのかもしれないよ。

咲　ふーん。察は、祭に「宀」（ウ冠）がついてるよね。

ご隠居　「**宀**」は家とか建物の中を表すものでね。「**察**」は、「神聖な建物の中で神意を伺うこと」だって説があるんだ。

咲　へー、**観察**って言葉もあるから、察って「見て調べる」って意味だと思ってたんだけどな。**警察**も調べるのが仕事でしょ。

ご隠居　うん。神意を伺うってことは、神によって事を明らかにするってことなんだな。で、「明らかにする」「見る」「考察する」「調査する」って意味が生まれたようだよ。

咲　じゃ、私の考え方は間違ってなかったんだね。

ご隠居　そうなるね。昔の中国の字書にも「察は**覆審**《ふくしん》なり」って書いてあるんだ。

咲　覆審って？

ご隠居　何度も繰り返し調べるってことなんだよ。

咲　そっかあ。警察は警察（軽率）な調べをしちゃいけないもんね。

ご隠居　わっ、すごい駄洒落《だじゃれ》……。忘れないように手錠（手帳）につけておこう。

---

**説文**　覆う。「宀(＝おおう)」「祭」から構成される。

# 常

## 「尚」が読みの決め手なんです

熊　着いた早々、なに、きょろきょろ廊下を見回してるんだい？

ご隠居　旅館に来たときは、ちゃんと**非常口**を確認することにしてるんだよ。

熊　わーっ、顔に似合わず随分、心配性だな。せっかく温泉に来たんだから、ゆっくりすりゃあ、いいのに。

ご隠居　熊、これは**常識**ってやつだよ。

熊　常識ねえ……。そういや、その「常」って字の上の部分だけど、「学」の「ツ」みたいな部分とは違うんだよな。

ご隠居　急に、どうかしたのかい？

熊　非常口って字を見てたら、ガキのころ、漢字の書き取りで「常」の上の部分を「ツ」みたいに書いて、先生に怒られたのを思い出してさ。

ご隠居　そうなのかい。常は「**尚**」と「**巾**」がくっついて出来てるんだよ。

熊　あっ、ウ冠とかのたぐいじゃないのか。

ご隠居　うん。常の部首は「**巾**」だからね。で、**尚**は「**向**」の上に「**八**」がのっ

金文

金文 尚

た形らしくて、上の部分は「ツ」じゃなくて「小」に近い形だったんだ。

熊　「小」だと、尚の上の部分と点の向きが違うぜ。

ご隠居　それは、両側の点の向きが変化したからさ。

熊　へえ、そうなんだ。で、「尚」ってのは、どういう意味があるんだい。

ご隠居　この部分が「ショウ」とか「ジョウ」っていう音を表してるんだな。

熊　それじゃ、「巾」は？

ご隠居　「巾」は「布」って意味を表してるんだ。

熊　布？　それだと、常識とか非常口って言葉と結びつかねえなあ。

ご隠居　そうだね。「巾」が、今でいうスカートの長い裾のことで、そこから「長く続く」って意味になったって説があるんだ。

熊　スカートの裾？

ご隠居　そう。他にも、「巾」が一定の幅の布のことで「不変」とか「久しい」って意味だって説もあるんだ。そんなことから常が「つね」とか「普通の状態」っていう意味を持つんだって言うんだな。

熊　ふーん。まっ、難しい話はひとまず置いてさ。ひとっ風呂浴びて大広間に行こうぜ。常識幕の前で踊りを見せてくれるらしいから。

ご隠居　熊、あの三色の幕は定式幕だから……。

---

**説文**　下半身の裙《もすそ》。「巾（＝ぬの）」から構成され、「尚」が音。「裳」は「常」の異体字で、「衣」から構成される。

# 【尊】

## 愛すべき?・ビア樽おやじ

咲　困ったなあ。「**尊敬**する人」って題で作文を書く宿題が出たんだあ。誰にしようかなあ。困ったなあ。

ご隠居　そんなに困ることたぁないだろ。両親だっていいんだし。

咲　そう、そこなんだよなあ。友達は、お父さんとか言ってるんだけど……。

ご隠居　熊じゃ駄目なのかい？

咲　だってえ、お腹《なか》はビア樽《だる》だし、ゲップはするし、おならだってさ。

ご隠居　まあ、まあ。でもさ、ビア樽の「樽」と尊敬の「尊」には、深～い関係があるんだよ。

咲　そうなの？　ああ、確かに「樽」の右側の部分は「尊」とよく似てるね。あっ、でも上の点々の向きがちょっと違うよ。「**樽**」が「八」で、「**尊**」が「ソ」みたいになってる。

ご隠居　「樽」の右側は伝統的な字体なんだ。「尊」も元は「**尊**」って形だったんだ。お咲ちゃんが習う字とは少し形が違うけど、同じなんだよ。

甲骨文

金文

咲　ふーん。それで？

ご隠居　うん、「**尊**」っていうのは、酒つぼを表す「**酋**」と手を表す「**寸**」で出来てるって言われてるんだ。

咲　じゃ、手で酒つぼを抱えるってことなの？

ご隠居　まあ、神に酒を捧《ささ》げるってことのようだね。

咲　へえ。神様に捧げる酒つぼを持ってると尊敬されたんだ。

ご隠居　いや、「**尊**」っていうのが祭祀《さいし》で使う酒器だったんだ。これを王から授かることで身分が決まったんだって。

咲　酒器で身分が？

ご隠居　うん。そういう序列みたいなとこから、「**尊**」が「とうとい」とか「たっとぶ」って意味になったんだな。

咲　なるほど。じゃ「**樽**」は？

ご隠居　もともとの「たる」って意味に使うときには「**尊**」と区別して、**木偏**をつけた「**樽**」って字を作って、意味をはっきりさせたってわけさ。

咲　そっかあ。でも、ビア樽のお父ちゃんを尊敬するっていうのはなあ。せめて樽メシアン（ダルメシアン）みたいにスマートだといいのになあ。

ご隠居　お咲ちゃん、父親が熊だからとはいえ、ダルメシアンだって犬だからね。

---

**説文** 酒の容器。「酋（＝酒）」から構成され、「収（＝両手）」でそれを捧げ持つ。『周礼』〈春官・司尊彝〉に六尊があり、犠尊（献尊）・象尊・著尊・壺尊・太尊・山尊で、それらで祭祀《サイシ》や賓客への儀礼に対処する。「尊」は「尊」の異体字で「寸」から構成される。

# 【練】

## 悪に染まらず灰汁で真っ白

ご隠居　どうしたんだい、汗だくで息切らして……。

熊　咲が学校のマラソン大会に出るから、練習に付き合ってくれって言うもんでさ。伴走してたんだよ。

ご隠居　あ、どうせ熊のことだから、伴走じゃなくて無理してお咲ちゃんと張り合ったんだろ。

熊　その通り。よく分かるねえ。でも、咲のやつ速いんだ。張り合うどころか、伴走にすらならなかったよ。

ご隠居　無理すると、足より先に心臓が止まるよ。

熊　そうだな。でも咲の練習姿を見てると、練習の「練」ってのは糸偏じゃなくて金偏の「錬」の方がピッタリな感じがしてくるよ。

ご隠居　確かにそうかもしれないね。中国の後漢時代の『**釈名**《しゃくみょう》』って語学書には「練は爛《らん》なり」って書いてあるしね。

熊　爛なり？

ご隠居　そう、「しんなり柔らかい」ってことさ。「**練**」ってのは、生糸や絹布を灰汁《あく》で煮て白くした「練《ね》り絹《ぎぬ》」のことをいうんだ。

熊　しんなり柔らかいかあ。厳しい練習とはほど遠いイメージだな。

ご隠居　そうだね。練の右側の「**東**」の部分は、もともと「**柬**《カン》」って書いててね。これが音を表すと同時に「選ぶ」って意味も持ってるっていうんだな。

熊　ほう、なるほど。っていうことは、「**練**」は「いい練り絹を選ぶ」ってことになるのかね。

ご隠居　詩文じゃ、字句を何度も吟味してよりよいものにすることを「**練句**」っていうんだ。「**練**」には「何度も繰り返していいものにする」って意味が含まれていったんだな。

熊　「**訓練**」とか「**練習**」ってのは、繰り返し習って上達することだもんな。さっき、俺が言った「錬」は？

ご隠居　「**錬**」は金属に熱を加えて強くすることだな。「練句」を「**錬句**」って書いたりもするんだ。

熊　なるほどねえ。ってことは、ご隠居は練り絹で出来たまんじゅうだな。

ご隠居　なんだい、また。

熊　練り絹だけに、食えないけど、糸お菓子（いとおかし）ってね。

**説文**　煮てねった絹布。「糸」から構成され、「柬」が音。

# 池

## あふれた水がたまる場所

咲　ご隠居さま、池のお掃除してるの？

ご隠居　そうなんだよ。庭の池に枯れ葉が落ちたんで、すくってるんだ。

咲　そういう枯れ葉って、池の中の小さな生き物の栄養になるんじゃないの。

ご隠居　大自然の中ではそうかもしれないけど、庭の池じゃ排水口が詰まっちゃうからねえ。

咲　それもそうだね。私のクラスに「きくち」さんが二人いるんだけど、一人は菊地、もう一人は菊池って書くんだ。「地」を「ち」って読むのは分かるけど、「池」も「ち」って読むんだね。

ご隠居　うん、そうだね。ほら、「でんち」は「電池」って書くだろ。

咲　あ、そう言われればそうだね。「**池**」と「**地**」は、「氵」（さんずい）と**土偏**の違いだから、「也」が「チ」って音なの？

ご隠居　「**也**」は「ヤ」って音を持ってるんだけど、それが変化したようなんだ。もともと、「也」はクネクネ曲がった蛇の形とか、水を入れる器の形と

金文

咲　か言われてるんだ。クネクネ曲がった蛇の形？

ご隠居　そうなんだ。その説によると、曲がった川から水があふれてたまって出来たのが、池だっていうんだな。それで、地面を掘って水を蓄えたところを「**池**」っていうようになったんだ。

咲　へえ、そうなんだ。あ、**電池**っていうのは、電気を蓄えたものだから「池」を使うってことなの？

ご隠居　そういうこと。あまり聞き慣れないかもしれないけど、習字で使う硯《すずり》の墨をためる部分のことを「**硯池**《けんち》」っていうんだよ。

咲　へえ、初めて聞いた。つまり、小さな墨の池ってことなんだね。

ご隠居　そうだね。墨の池っていえば、中国の後漢時代に**張芝**《ちょうし》っていう高名な書家がいたんだけどね。その張芝が一生懸命、書を学んで、池で筆を洗ってたんだって。それで、池の水が墨で黒くなったって逸話もあるんだよ。まさに墨の池にしてしまったんだな。

咲　えー、すごいねえ。でも池の水を汚しちゃ池（いけ）ませんよ。

ご隠居　まあ、それは逸話だからね。でもそれくらい学ばないと、書家としての**お墨付き**をもらえなかったってことなんだね。ちょっとばかりお説教！

# 【料】

## ますの中の米を「はかる」

熊　風邪ひいたんだって？　大丈夫かい。さえねえ顔して……。あれ、相撲見てるんだ。

ご隠居　うん。こうやっておとなしく、布団の中からテレビ観戦してるんだ。あたしゃ、この力士がお気に入りでね。ほら、体をたたいて気合を入れてるだろ。これ見るとあたしも力が湧いてくるようでね。

熊　ふーん、そうかい。よしっ、あれれ、なんだよ、あっさり負けちゃったよ。「簡単に料理されました」だってさ。

ご隠居　あっさり退けられた、ということだよ。

熊　そりゃ、俺にだって分かるけどさ。力士とちゃんこは切っても切れない仲とはいえ、「料理された」なんて、飯と一緒にされたんじゃ力士もたまんねえだろうな。

ご隠居　そうだろうね。でもね、「**料理**」を「食べものを調理する」って意味で使うのは、どうも日本で広がったようなんだ。「料理」って言葉は、も

金文

ともと「うまく処理する」っていう意味があるんだよ。

熊　「**料理**」って言葉にかい？

ご隠居　うん、そうだよ。「**料**」は、穀物の量をはかる器「**斗**《ト》」の中に、**米**が入っていることを表す字で「はかる」。「**理**」は「おさめる」ってことなんだ。だから、「**料理**」は「処理する」「整える」「世話をする」って意味だったんだな。

熊　ご隠居も俺も、かみさんに料理されてるってわけだな。

ご隠居　はははは、違いないね。「**料**」には「おしはかる」って使い方もあるんだよ。

熊　へー、そんな意味もあるのかい。

ご隠居　「**予料**《よりょう》」「**料度**《りょうたく》」といったら「おしはかる」って意味。「はかる」から「見当をつける」「おしはかる」って具合に広がったんだろうね。

熊　そんな難しい言葉、聞いたことがねえな。それより「材料」とか「入場料」の方がなじみがあるなあ。

ご隠居　そうだね。「**材料**」や「**食料**」っていうときの「料」は「元になるもの」のことで、「**入場料**」「**料金**」の場合は「代金」という意味だな。

熊　さすが、漢字についてはどこからぶつかっても横綱相撲だね。

ご隠居　いやいや、風邪気味だし、せいぜい大関（大咳《おおぜき》）ってとこだよ。

説文　量る。「斗（＝ます）」から構成され、「米」がその中にあるようす。「遼」の字音で発音する。

# 宿

## 家の中、敷物の上で一眠り

ご隠居　お咲ちゃん、随分げんなりした顔してるじゃないか。どうかしたのかい。

咲　そんなにひどい顔してる？　そうだよなあ。だって、山ほど宿題が出たからなあ。ご隠居さまは、いつにも増して顔色がいいね。

ご隠居　うん、紅葉を見に行ってきたからね。

咲　わあ、いいなあ。この前お父ちゃんと行ったときは、紅葉はまだだったんでしょ。

ご隠居　そうなんだ。でも、今回はばっちり。熊と違って普段の行いがいいからかねえ。宿に泊まって温泉にもつかってきたから、絶好調だよ。

咲　いいなあ。うらやましいなあ。ねたましいなあ……。ご隠居さまは温泉宿でのんびり、私は宿題で汲々《きゅうきゅう》。なんだかなあ。だいたいさあ、宿題の「宿」と温泉宿の「宿」は何の関係もないじゃない、ねえ。

ご隠居　おいおい、宿に八つ当たりかい。まあ、少し落ち着いて。「**宿**」っていう字は、「宀」と「亻」と「百」の部分で出来てるだろ。

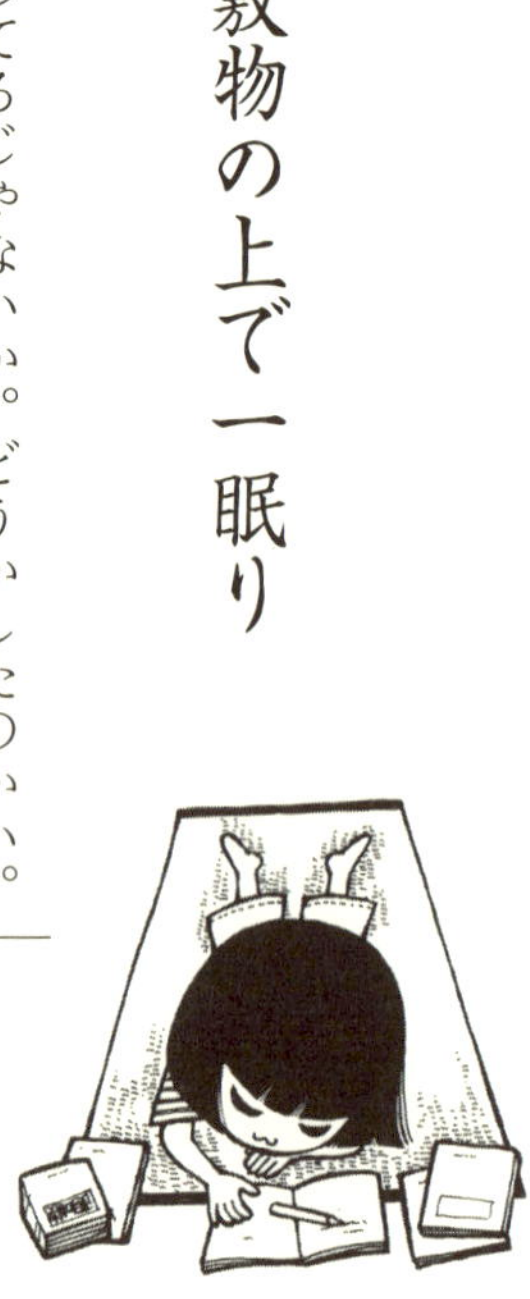

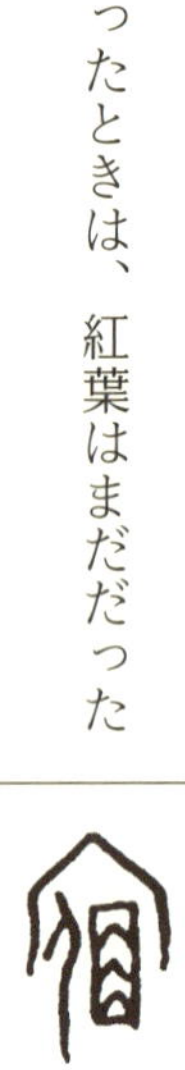
甲骨文

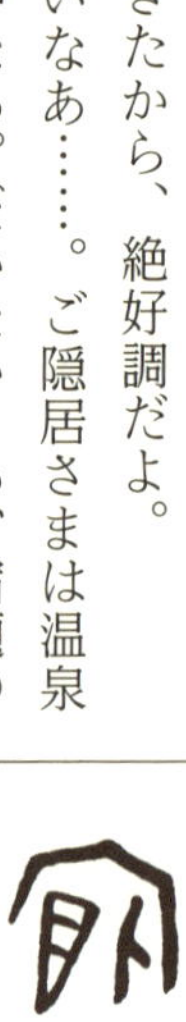
金文

咲　うん、そうだね。「**宀**」は家を指すんでしょ。「**亻**」は当然、人間のことだよね。でも、「百」の部分ってどんな意味があるんだろう。ちょっと分かんないなあ。

ご隠居　大昔の字の形を見ると、宿の**百**の部分は「**㐁**」とも書かれてたんだ。「㐁」は敷物とかむしろのことなんだってさ。

咲　じゃ、宿の「百」の部分は、数字ってわけじゃないんだね。

ご隠居　そうなんだよ。数字の「百」とは成り立ちも違うようだよ。「宿」っていう字は、家の中で人が敷物の上に横たわってるってことを表してるんだな。そこから「寝泊まりしてる」ってことになるんだ。

咲　だから旅館のことを宿っていうんだ。

ご隠居　ずっと同じところで寝起きする場所が「家」ってわけだろ。だから次第に宿は「家」のことも指すようになったんだな。

咲　あっ、そうかあ。それで宿題っていうのは、「家でする課題」ってことになるんだね。そういえば、お母ちゃんがお父ちゃんに向かって言う「**宿六**《やどろく》」ってなーに？

ご隠居　それは家にいるろくでな……いやいや、これはお咲ちゃんが大人になるまでの宿題にさせておくれよ。

---

**説文**　とまる。「宀(＝いえ)」から構成され、「佰」が音。「佰」は古文の「夙」。

# 【師】

## 大集団のとりまとめ役

ご隠居　十二月になると気ぜわしくなってくるから、不思議なもんだねえ。

咲　お母ちゃんも大掃除しなくちゃって、忙しそうだよ。

ご隠居　さすがだねえ。一年のほこりを落として新しい年を迎える。その心持ちがいいねえ。

咲　でも、すごくおっかない顔してるけどね。ご隠居さま、十二月のことを師走《しわす》っていうんでしょ。

ご隠居　先生や僧侶が走るほど忙しいってことで「**師《し》馳《は》せ月**」が語源だとも言われてるんだ。それが正解なら師走って書くのはもっともなんだが、当て字じゃないかって説が、専らのようだね。

咲　えーっ、そうなの？　私も先生が走るから「師走」っていうのを聞いたことがあるよ。

ご隠居　うん。「しわす」って言葉の語源説は色々あってね。他にも「**仕《し》極《は》つ**」、つまり一年最後の月って意味だとか。

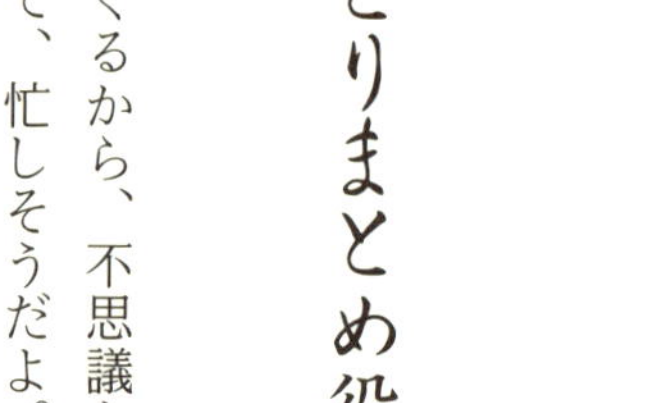

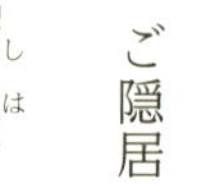
甲骨文

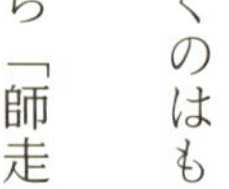
金文

咲　へえ、面白いね。

ご隠居　古くは『**万葉集**』に「十二月《しわす》には　沫雪《あわゆき》降ると　知らねかも　梅の花咲く　ふふめらずして」とあるんだ。

咲　十二月って書いて「しわす」。師とか関係ないんだ。

ご隠居　そうだね。もともと「師」っていうのは、軍が戦に出るときに祭肉を捧《ささ》げる姿だとか、人の住むところの長老だとか諸説あるんだ。

咲　軍隊？

ご隠居　「**師**」は、中国の周の時代には軍隊の編成単位に使われた言葉なんだ。

咲　ああ、「**師団**」っていう言葉を聞いたことがあるよ。

ご隠居　うん。次第に軍隊のような集団をとりまとめる役を「師」というようになったんだな。

咲　とりまとめ役だから、先生……。

ご隠居　人生の指導役ともいえる僧侶の尊称にも使われるようになったんだよ。

咲　なるほどねえ。

ご隠居　師走ってのは、普段どっしり構えて、少々のことでは動じない人たちも何かとバタバタすることが多い年の瀬を表した書き方なんだろうね。

咲　そっかあ。師馳せ月より、シハワセ（幸せ）月になるといいのにね。

---

**説文**　二千五百人を一師とする。「帀（＝めぐる）」「𠂤（＝堆積《タイセキ》する）」から構成される。「𠂤」と四周が「帀」であるのは、衆多の意である。

# 貼

## のりを使ってぺったりと

熊　二十九年ぶりに常用漢字表が新しくなったんだって？
ご隠居　この時代、パソコンを使って文を書くことが多いだろ。情報機器に対応した、時代に合った漢字表にしたんだってさ。
熊　漢字も、二千百三十六字に増えたんだって？
ご隠居　そうなんだ。一九八一年の常用漢字は千九百四十五字だったんだ。今回は、この中からあまり使わない「勺」「錘」「銑」「脹」「匁」の五字を外して、百九十六字を加えたんだ。
熊　へえ、そりゃ大変だなあ。二千以上の漢字を全部覚えられねえし、ましてや全部書くなんて至難の業だな。
ご隠居　この新しい常用漢字を全部書ける必要はないんだよ。それこそ、言葉をきちんと知っていれば、パソコンが助けてくれる時代だからね。
熊　そうは言っても、今度常用漢字に入った「貼」と「張」の使い分けみたいのはパソコンじゃ自動的に認識してくれねえだろ。

ご隠居　まあ、最新のパソコンだと使い分け出来るようになってるかもしれないけどね。「**張**」は、もともと「弓を引き絞る」っていう意味だったんだ。

熊　ああ、弓偏がついてるもんなあ。ピーンとはるって感じかあ。

ご隠居　「**貼**」ってのは、もともと「物を担保にして金を借りる」って意味だったようだよ。「貼」の「**占**」の部分が音と同時に、占拠するって意味を持ってるんだそうだ。

熊　へえ、そうなんだ。でも、「占」は「セン」だろ。「貼」は確か「チョウ」とか「テン」って読むんじゃないのかい。

ご隠居　「占」のついた字には、「チョウ」って読むものもあるんだよ。「**帖**《チョウ》」がそうだろ。で、「貼」は「**粘**」とも近い関係だって説もあるんだ。「粘」にも「はりあわせる」って意味があるんだよ。だから「**貼**」は、「ある場所を占拠してぺったりはりつける」ってことなんだよ。

熊　へえ、じゃ、「のりで紙をはる」ってときは「**貼る**」って書くのかい。

ご隠居　そう。「氷がはる」なんて場合は「**張る**」だね。

熊　ご隠居の場合、頭をはる（たたく）ときは「張る」で、カツラを頭にはりつけるときは「貼る」って具合だな。

ご隠居　失敬な。貼るすめんと（ハラスメント）で訴えてやる！

---

**説文**　物資をもって抵当物とする。「貝」から構成され、「占」が音。

# 【幸】

## 生きてゆくのは大変だから

咲　親戚のお姉さんの結婚式にお呼ばれして行ってきたんだ。すごく奇麗だったよ。

ご隠居　そりゃ、おめでとうございます。幸せな様子を見てると、こっちも心がほかほかしてくるよね。

咲　うん。主賓から「これから辛《つら》いこともあるだろうけど、それを乗り越えた先に幸せがあるんです」って祝辞があったんだ。これを聞いたときに、そういえば「幸」と「辛」って形が似てるなあって思って……。

ご隠居　そう言われれば、よく似た字だねえ。「辛」は針の形とも言われててね。「幸」とは成り立ちは違うようだよ。

咲　そうなんだあ。確かに辛いと幸せが同じ成り立ちじゃ、それこそ辛いものがあるよねえ。

ご隠居　中国の古い字書によると、幸は「**屰**《ゲキ》」と「**夭**《ヨウ》」で出来てるんだってさ。

咲　「屰」と「夭」？

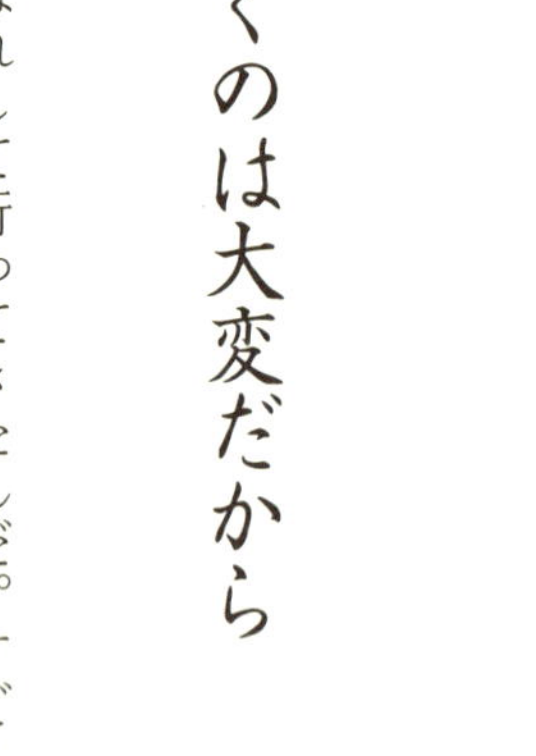

甲骨文

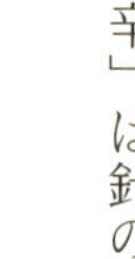

金文

ご隠居　「**屰**」は逆らう、「**夭**」は早死にって意味なんだ。

咲　それって、早死にに逆らうってこと？

ご隠居　「早死にせず生きながらえる」って感じだね。だから不幸っていうのは、「長生き出来なかった」ってことにもなるんだ。

咲　あまり素直な成り立ちの字じゃないね。

ご隠居　そうだね。他にも、幸が手枷《てかせ》の形を表したものだって説もあるんだ。

咲　それがなんで「しあわせ」ってことになるの？

ご隠居　手枷をかけられるだけの軽い刑罰ですんだからとか、手枷をかけられなくてよかったからとかね。

咲　そりゃ、また。

ご隠居　大昔の時代では、普通の人が普通に生きていくこと自体が、困難な時代だったのかもしれないね。ほんの一握りの為政者が社会を統《す》べる時代だったから、一般人の人権とか尊厳なんてものは、芥子粒《けしつぶ》ほどもなかったんだよ。

咲　幸の成り立ちが素直じゃないのは、そういうことが背景にあるのかな。

ご隠居　まあ、結婚式の挨拶じゃないけど、辛いことに幸福（降伏）しないで幸福をつかみたいものだね。来年もいい年でありますように。

---

説文　吉であって凶から免れる。「屰（＝逆らう）」「夭（＝若死に）」から構成される。「夭」は死ぬことである。したがって死は「不幸」ともいう。

# 腐

## くさってばかり、いられない

熊　冷えてきたねえ。湯豆腐でちょっとどうだい。
ご隠居　お、いいねえ。出かけますか。
熊　ここだよ、ここ。一度、ご隠居と来ようと思ってたんだ。
ご隠居　お、「湯豆富《ゆどうふ》」ねえ。なかなか、洒落《しゃれ》てるじゃないか。入るよ。ご隠居、なに、口開けて看板見てるんだい。
ご隠居　いや、なに。ほら、ここに「豆腐」のことを「豆富」って書いてあるからさ。
熊　えっ、気付かなかったなあ。「豆富」かあ。確かに、「豆腐」は豆が腐ったもんじゃないから、「豆富」の方が雰囲気がいいよな。
ご隠居　そうだね。ほら、「腐」って字は「府」と「肉」で出来てるだろ。「府」の部分が「フ」って音を表してるんだ。
熊　まあ、そうだろうな。
ご隠居　さらに「府」が「くら」の意味で「倉にしまい込まれた肉がくさったも

の」だとか、「府」が「付」の意味を持っていて、「くさった肉がくっつくこと」だとか、「府」が「臓腑《ぞうふ》」のことで「くさりやすいもの」だとか、いろいろ解釈があるんだ。

熊　おいしくて栄養もたっぷりなのに「豆腐」って名前は、いかにもイメージ悪いよな。それで「豆富」って当て字を使ったのかね。

ご隠居　ま、縁起担ぎの一つだろうね。この表記は島根県に多いんだってさ。作家の泉鏡花は、「豆腐」っていう書き方を嫌って「豆府」って書いてたんだよ。

熊　へー、そうなのかい。いっそ、豆富に統一してもいいくらいだよな。

ご隠居　まあねえ。でも、一般の辞書には載ってないと思うけど、腐には「やわらかい」とか「ぷよぷよした」って意味もあるっていう人もいるから、一概に腐ったものとは言えないんじゃないかね。

熊　ふーん、そうなのか。

ご隠居　ま、きょうみたいに寒い日は、湯豆腐を食べて、故郷を思い出すってのも悪くないかもしれないね。

熊　なんだい、そりゃ。

ご隠居　ふるさとは、豆腐（遠く）にありて思うものって言うだろ。

**説文**〔肉が〕ぼろぼろにやわらかくなる。「肉」から構成され、「府」が音。

# 街

## 道ができ、店や人が集まる

咲　わーっ、大きいクリスマスツリーだね。

ご隠居　こりゃ、すごい。でも、十二月も下旬だってのに、こう暖かい日が続くとクリスマスって感じはしないねえ。

咲　ほんとにそうだねえ。それにしても、都会のイルミネーションって洗練されてて奇麗だなあ。

ご隠居　なになに、町内にある商店街だって一年中万国旗がはためいてて、それなりに趣があってすてきじゃないか。

咲　また、そういう笑えない冗談を言う。もう少しまちづくりを……あっ、「まちづくり」ってときの「まち」って「街」？　それとも「町」？

ご隠居　突然、妙なところに引っかかるんだね。ほら、「街」って字を見てごらん。「行」と「圭」の部分に分けられるだろ。

咲　ああ、そうだね。

ご隠居　**行**の部分は道が交差した十字路のことで、**圭**の「ケイ」って音が、街の

咲　「ガイ」って音の元になってるんだな。ふーん。ねえ、それじゃ街っていうのは、「まち」っていうより「道」って感じだね。

ご隠居　その通り。大通りっていうのが、もともとの意味なんだよ。

咲　あらら、当たっちゃったよ。大通りってことなのかあ。

ご隠居　大きな通りには、お店が出来たり人が集まったりしてにぎわうだろ。

咲　そっかあ。人が集まって、それで「まち」になるんだ。

ご隠居　そういうこと。「**町**」は中国の大昔の字書に「田の踏むところ」って書いてあるんだ。つまり畦《あぜ》のこと。

咲　それで町には「**田**」がついてるんだね。でも畦がどうして「まち」になるの？　畦には人は集まらないでしょ。

ご隠居　**畦**が、次第に境界や区画を意味するようになったんだな。日本では住宅の密集しているところを指すようになったんだよ。

咲　つまり、街はお店がたくさんあるにぎやかなところで、町はおもに人の住んでるところって感じかな。

ご隠居　そんなもんかな。ま、イルミネーションと万国旗の違いみたいなもんさ。

咲　そりゃ、イヤミ（嫌み）ネーションだよ。

説文　四方に通達する道。「行」から構成され、「圭」が音。

# 【聖】

## 清濁併せのむ度量こそが…

ご隠居　久々に街中に出てきたけど、クリスマス一色で、人も多いしイルミネーションは華やかだし、ウキウキしてくるねえ。

熊　まあな。でも俺たち親は大変だよ。なんてったって、子どもの願い事をサンタクロースに届けてやんないといけねえからな。

ご隠居　そりゃ、このご時世だ。サンタクロースだって、懐事情は厳しいだろうからねえ。子どもの願いをかなえるのも大変だね。

熊　そういうこと。ご隠居、この時期よく「聖」って字を見かけるだろ。それこそ**聖夜**とか**聖誕祭**とかさ。「聖」って「耳」と「口」と「王」で出来てて、なんか立派な感じがする字だよな。

ご隠居　うん。でも、熊が「王」って言った部分は、もともと「**壬**」なんだ。これは「テイ」という音を持っててね。「セイ」っていうのは、これが変化したものなんだ。一説によると「壬」は、つま先立った人を横から見た姿だっていうんだな。

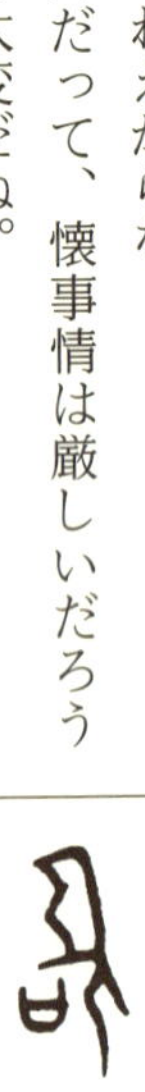

甲骨文

金文

熊　へえ、そうなのか。

ご隠居　つまり聖はこれに「耳」と「口」がついて、神の言葉を正しく聞き知る人のこと。それで知徳の優れた人、高徳の**聖職者**って意味になったんだ。

熊　なるほど。聖って字が立派な感じがするのも、当たり前だな。

ご隠居　「聖」っていうのは、こうした立派な意味だけじゃなくて、実は、清酒を指す隠語でもあるんだ。

熊　お、随分身近な話になってきたね。

ご隠居　『**三国志**』にも出てくる魏《ぎ》の曹操《そうそう》が、禁酒令を出したときに……。

熊　ええっ、禁酒令！　俺にはとても我慢できねえだろうな。

ご隠居　ははは。その時代にも、やっぱり熊みたいな輩《やから》がいたんだな。その連中が清酒を「聖人」、濁り酒を「賢人」なんて言って、こっそり飲んでたってわけさ。

熊　ああ、その気持ち分かるなあ。

ご隠居　『**万葉集**』にも大伴旅人《おおとものたびと》が「酒の名を聖《ひじり》と負《おほ》せしいにしへの大き聖の言《こと》のよろしさ」なんて歌を詠んでるほどだからね。

熊　そうかあ、俺もサンタクロースに、聖人を三人くらいお招きしたいってお願いすることにしよう。

---

説文　通じる。「耳」から構成され、「呈」が音。

# 祈

## 福を求め、目指すところに

咲　ご隠居さま、すごいでしょ、この漢和辞典。全部で十五巻もあるんだよ。サンタさんのプレゼントなんだあ。

ご隠居　ほーっ。これ、お咲ちゃんが使うのかい？

咲　そうだよ。私には、まだすっごく難しいけど、毎日少しずつ見ていくんだ。

ご隠居　そりゃすごい。あたしの知り合いの大学の先生も、子どものころお年玉をためたりしてこの辞書を買ったって言ってたよ。

咲　へえ、そうなんだあ。私、ずっとサンタさんに「プレゼントして下さい」って、祈ってたんだよ。

ご隠居　そうかい。『**説文解字**《せつもんかいじ》』って中国の古い字書には、「**祈**」は「福を求むることなり」ってあるからね。

咲　へえ、そうなんだ。

ご隠居　「**祈**」はもともと「**示**」と「**斤**」で出来てるっていう説があってね。

甲骨文

金文

咲　示って……ああ、しめす偏（ネ）かあ。

ご隠居　そう。それによると「**示**」が祭壇で、「**斤**」がオノの刃を物に近づけた様子だっていうんだ。

咲　祭壇はともかく、オノの刃っていうのは物騒だね。

ご隠居　うん。**斤**ってのは、物にすれすれに近づくことで、「**近**」の元の字だともいわれてるんだ。

咲　ああ、ほんとだ。「近」にも「斤」がついてるんだね。

ご隠居　そこから、**祈**が「目指すところに近づこうと願う」って意味になるんだそうだ。

咲　目指すところに近づくかあ。祈るって神様に頼ることよりも、自分で成し遂げようとする気持ちの問題なんだね。

ご隠居　他にも、鈴の飾りを付けた旗を持ちながら幸福に近づくよう願うことだとか、軍隊が進むときに無事を祈念したことだって解釈もあるんだよ。

咲　そっかあ。人の祈りや願いは、その時々さまざまだね。目指すところに近づくために必要なのは、私は油揚げにくるまれたおすしだと思うな。

ご隠居　なんだい、そりゃ。

咲　だって、祈り（いなり）ずしっていうでしょ。

---

**説文**　幸福を求める。「示（＝神事）」から構成され、「斤」が音。

# ❖音読みと訓読みって?

咲　ご隠居さま、音読みと訓読みについて教えてくれない?

ご隠居　うん。漢字は中国で生まれたもんだから、その読み方は当然、そこで暮らしている人の発音になるだろ。

咲　あ、そうか。そりゃそうだね。

ご隠居　その中国での発音を、日本の発音でまねしたのが**音読み**ってわけさ。

咲　それじゃ、**訓読み**は?

ご隠居　中国から漢字が入ってくる前から、日本には独自の言葉があったんだ。

咲　それまで日本には、言葉を書き表すための文字はなかったの?

ご隠居　そうだね、一般的には、なかったっていわれてるね。で、たとえば、「かわ」は野山に流れる水の帯のことで、その概念は日本も中国も同じだったんだな。それで「かわ」って発音に、「川」とか「河」っていう漢字を当てはめたんだ。

咲　へえ、訓読みっていうのは、文字は中国産で発音は日本産ってことかあ。

ご隠居　まあ、大体そういうことになるかね。

咲　漢字って、ハイブリッド型の異文化交流が生み出した、異文化(いい文化)だよね。

# 第四章 冬

雪降れば冬ごもりせる草も木も
春にしられぬ花ぞさきける（紀貫之）

# 【初】

## 衣類をつくる、その第一歩

ご隠居　熊、明けましておめでとう。今年もよろしくお願いしますよ。

熊　明けましておめでとうございます。こちらこそ、よろしくお願いします。年明け早々からお店は開いてるし、年々、正月独特の引き締まった気分が薄らいでいくのが、少し寂しいね。

ご隠居　そうだね。でも一月は、**初競り**、**初荷**、**初売り**なんて、**初もの**づくしで、商いに勢いがあっていいじゃないか。

熊　そりゃそうだけどな。そういや、東京の築地《つきじ》市場じゃ、クロマグロが随分な高値で競り落とされたらしいよ。なんでも最近じゃ、海外の業者も買い付けに来るんだってさ。

ご隠居　うちのばあさんなんか、バーゲンだーって、目の色変えてたけどね。

熊　そりゃ、そりゃ。でも、この「初」って字を見ると、不思議と身が引き締まる思いがするんだよな。

ご隠居　そうだね。「初」は「**衤**」（ころも偏）と「**刀**」で出来てるだろ。

甲骨文

金文

熊　ああ、確かにそうだね。「ころも偏」がついてるってことは、着るものと縁があるってことかい。

ご隠居　うん。「刀」の部分は、刃物や刃物を使う行為を表すんだ。で、「初」は衣類を作るときに、刃物で布を裁断するって意味になるらしいんだな。

熊　へえ、それじゃ「はじめて」って意味にはならないだろ。

ご隠居　まあ、布を切るのは衣類を作る手始めってことなんだよ。

熊　でも、手始めってことなら何も衣類にこだわる必要もないのにな。衣類を作るってことが、そんなに重要だったのかね。

ご隠居　これは単なる衣類のことじゃなくて、神衣や祭衣を指すんじゃないかって説もあるんだ。

熊　ああ、祭祀《さいし》や儀礼で着る特別なものってことなのかね。確かに産着を作るときには、白いさらしの木綿にしたりするしな。

ご隠居　まあ、それがどう関係してるかは分からないけど、特別なときにまっさらな布を裁って衣類を作る、その思いは分かる気がするなあ。

熊　なるほどねえ。「初」って字に身が引き締まる思いがするのも当然か。

ご隠居　ま、今年も初心を忘れず、身を引き締めていきましょう……って、熊、まずはその大きくせり出した腹、身を引き締めようよ。

---

**説文** 始め。「刀」「衣」から構成される。衣を〔作るために布を〕裁断する始めである。

# 雅

## 気品ある？カラスの鳴き声

咲　学校で、百人一首大会があったんだよ。

ご隠居　ほう、上の句を聞いて下の句の札を取るんだから、かなり難しいんじゃないかい。

咲　みんな初めてだったからね。でも、楽しかったよ。

ご隠居　楽しむためにはまず、百人一首を覚えないと……。

咲　そうなんだけど、十二単《じゅうにひとえ》を着たお姫さまの絵札を眺めてるだけでも優雅な気分になれるよ。

ご隠居　そうだね。でも、競技カルタになると、札を取るというよりはじき飛ばす感じでね。優雅さの中に、格闘技にも似た激しさがあるんだ。

咲　バラにトゲがあるように、優雅の「雅」には「牙」がついてるもんね。雅の本来の意味は、案外激しいものなのかもしれないね。

ご隠居　なるほど、面白い解釈だね。でも、この「**牙**」は「ガ」っていう音を担ってるっていうのが一般的な解釈なんだよ。

咲　へえ、牙の意味はないってことなんだ。「隹」の部分は？

ご隠居　**隹**はトリを意味するんだな。

咲　トリ……ってことは？

ご隠居　**雅**は、もともと「ガー」と鳴くカラスのことだったんだ。「隹」の代わりに「鳥」がついた「**鴉**《ア》」って字もカラスって字なんだよ。

咲　トリに牙がつくとカラス！　じゃ、雅楽っていうのは、カラスの合唱をお手本にして出来た音楽なの？

ご隠居　まさか、それはないだろうよ。雅楽っていうのは、俗楽に対して「正統な」音楽って意味なんだ。天子が祖先を祀《まつ》ったりするときに奏でられた伝統的な音楽のことをいうんだ。

咲　へえ。じゃ、「みやび」って意味はどこからくるの。

ご隠居　実は、そりゃかなりの難問なんだよ。「**雅**《ガ》」には、「**夏**《カ》」と共通する意味があって、みやびやかな夏祭りを指すんだとかいろんな説があるんだけど、いま一つはっきりしないんだなあ。

咲　そうなんだ。どうせ百人一首するなら、強くならなきゃ駄目だな。

ご隠居　ほう、そりゃ感心だ。でも、どうしてだい。

咲　強くなって、男子を百人一蹴するってのは、どう？

---

**説文** 楚鳥《ソチョウ》である。一名、鷽《ヨ》(= コクマルガラス)であり、また卑居である。秦《シン》ではこれを雅という。「隹(= とり)」から構成され、「牙」が音。

# 願

## 大きな頭で「おもうなり」

熊　それにしても、すごい初詣客だったなあ。神様もこんなにたくさんの人の願いを聞かされて、今頃ぐったりしちまってるだろうな。

ご隠居　でも、年が改まって新たな気持ちで願をかけたくなるのも分からないでもないよ。

熊　俺も初詣で願をかけたから偉そうに言えないけど、神頼みだけじゃなあ。

ご隠居　またまた、そんな頭でっかちなこと言って。あ、もっとも「願」だから頭でっかちでいいのか……。

熊　何を一人でぶつぶつ言ってんだい。頭でっかちがどうかしたのかい。

ご隠居　いやね、『**説文解字**《せつもんかいじ》』っていう中国の古い字書には、願は「大きな頭」のことだって書いてあるからさ。

熊　へえ、そうなのかい。

ご隠居　願の「**原**」の部分が「ゲン」って音で、**願**の「ガン」って音の元になってるんだ。で、「**頁**」が頭って意味なんだ。

熊　それだけじゃ、でかい頭の「でかい」って部分が分かんねえな。

ご隠居　うん。さっき頭でっかちとはいったものの、願が「大きな頭」って意味で使われた例はなさそうなんだ。辞書によっては「おもうなり」っていう意味の解説が載っててね。どうも、こっちの方が自然かねえ。

熊　なんだ、そうなのか。俺も「今年こそは」って思ってることがあるんだ。

ご隠居　ほう、そりゃまた。

熊　他力本願に頼らないで頑張ろうと思ってさ。

ご隠居　なるほどね。その心意気やよしだけど、**他力本願**って言葉をそういうふうに使うのは、ちと違うんだよ。

熊　何が違うって言うんだい？

ご隠居　他力本願の**他力**は絶対的な慈悲の力のことで、**本願**は救済を約束する願いのことをいうんだな。

熊　ってことは？

ご隠居　何人《なんぴと》も慈悲の力によって救済されるってことが本来の意味で、努力しないで人の力をあてにするってのは俗用なんだな。

熊　へえ、そうなのかい。まだまだ勉強不足だなあ。

ご隠居　なに、そう悲願（悲観）するこたぁないよ。

---

説文　大きな頭。「頁(＝あたま)」から構成され、「原」が音。

# 【豆】

## えっ、言葉を表す漢字がない!?

咲　わあ、おいしい！　このぜんざい。軟らかいお餅と甘い小豆のコラボレーション……最高だね。

ご隠居　うれしいねえ。朝から作ったかいがあったってもんだ。たんとあるから、ゆっくりお食べ。

咲　うん。でも、大豆は「大（ダイ）」と「豆（ズ）」でしょ。小豆は「小（あ）」と「豆（ずき）」ってことなの？

ご隠居　確かにそうやって漢字を分けて音を当てはめるとそうなるねえ。でも、**豆**には「**まめ**」「**ズ**」「**トウ**」って読みしかないからね。

咲　そうだよねえ。やっぱり小も「あ」とは読まないよね。

ご隠居　うん。実は、「**小豆**」は漢字二字の固まりで「**あずき**」って読むんだ。「あ」＋「ずき」とか、「あず」＋「き」ってふうに、漢字二文字に読みを振り分けられないんだな。こういうのを**熟字訓**《じゅくじくん》っていうんだ。

咲　ふーん、熟字訓っていうんだ。こういう例は、他にもあるの？

甲骨文

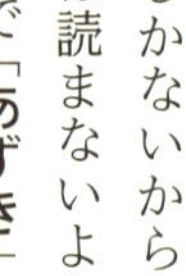

金文

ご隠居　熟字訓はもともとあった日本の言葉に、漢字を当てはめたのがほとんどでね。「**大人**（おとな）」とか「**五月雨**（さみだれ）」、「**明日**（あす）」「**時雨**（しぐれ）」「**七夕**（たなばた）」とかね。結構多いんだよ。

咲　小さい豆で「あずき」とか「五月雨」なんて、うまく漢字を組み合わせたよね。雰囲気出てるもんね。

ご隠居　でも「豆」って字は、もともと植物のマメを指していた字じゃないんだ。

咲　ええ、そうなの？

ご隠居　古来中国では、**豆**は祭祀《さいし》に使う「高坏《たかつき》」っていう、長い脚の付いた器のことだったんだ。これに、神に捧《ささ》げる供物を入れたっていうんだな。

咲　へえ、器って意味の漢字がどうしてマメになったの。

ご隠居　マメって意味で使う「**菽**《シュク》」っていう字もあったんだが、しっくりこなかったのかねえ。で、マメと発音が同じ「**豆**」って字を借用したんだな。こういうのを漢字の用法の一つで**仮借**《かしゃ》っていうんだ。「豆」って字の形もマメに似てなくもないしね。

咲　へえ、まさに「まず言葉ありき」だったんだね。

ご隠居　そう。熟字訓も仮借も先人の知恵ってわけさ。

咲　うまいこと漢字を料理したねえ。ぜんざい（前代）未聞の知恵だよね。

---

**説文**　古代、肉を食べるための食器。「口（＝容器）」から構成され、象形。

# 銘

## 名前や功績、金属に残す

ご隠居　おや、この寒いのに散歩かい。

熊　いやー、少し運動しないとな。正月で太っちまったからさ。しかし、この寒さはこたえるね。ご隠居のとこで、一服させてくれねえかな。

ご隠居　ええっ、もう挫折かい。まあ、挫折ついでにお菓子でもどうだい。

熊　最中《もなか》にサブレにまんじゅう……上等なのばっかりだね。

ご隠居　お歳暮やお年賀にたくさんもらったんだけど、食べきれなくてね。

熊　また太っちまうなあ。ま、お言葉に甘えますか。ご隠居、箱に書いてある「銘菓」ってどういうことだい？

ご隠居　特別な名前のある、由緒あるお菓子ってところかな。

熊　こっちのは「名菓」って書いてあるけど？

ご隠居　**名菓**は文字通り名のあるとか、優れたお菓子ということだね。**銘菓**っていうのは、今ふうに言えばブランドものってところかね。

熊　ははあ、銘菓だけにいいメーカーってわけか。

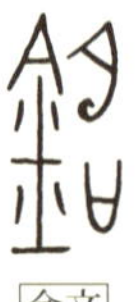

金文

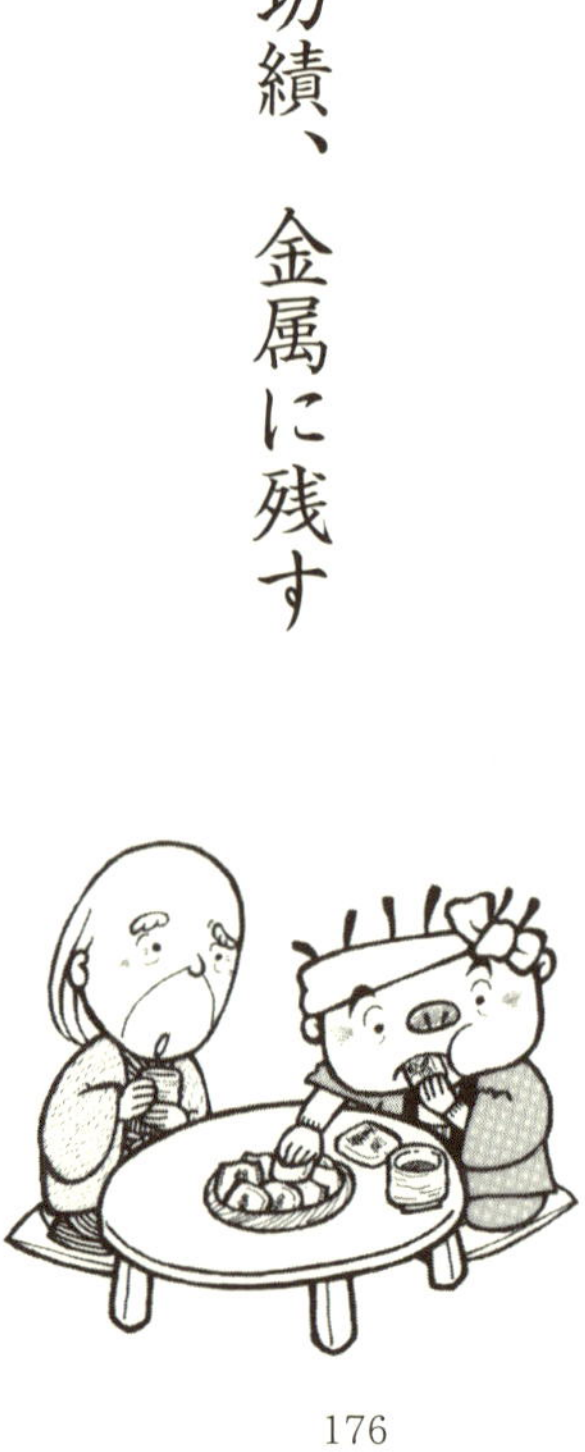

ご隠居　お、今日は早々に駄洒落《だじゃれ》かい。

熊　でも、ご隠居が説明した「銘」と「名」の違いって、それほどないんじゃないのかい。「銘菓」も「名菓」もうまくていいお菓子ってことには、違いないもんな。

ご隠居　そうだね。辞書には「**銘**」は「**名**」から派生したって書いてあるしね。「銘」は「**銘柄**」「**銘茶**」なんてふうにも使うけど、これは日本独自の用法なんだ。工芸品なんかに作者が名前を入れることを「**銘を入れる**」なんて言うだろ。これも日本での使い方なんだよ。

熊　じゃあ、「銘」って字は、もともとどういう意味だったんだい。

ご隠居　「**銘**」って字は「記す」とか「刻む」ってことだったようだよ。

熊　どこに何を刻むんだい？

ご隠居　「**銘**」は「**金**」と「**名**」で出来てるだろ。だから、金属器や石碑に、名前や功績なんかを刻んだんだよ。

熊　なるほどねえ。「**感銘**」とか、「**肝に銘じる**」なんて言い方もあるよな。

ご隠居　「心に深く刻む」って具合に意味が広がったんだろうね。そう考えながら食べると、その最中《もなか》も味わいが違うだろ。

熊　最中《もなか》には感銘するけど、これ以上難しい話は感銘（勘弁）しとくれよ。

説文　記す。「金」から構成され、「名」が音。

# 【旬】

## 十日で区切って、一回り

ご隠居　早いもんだね、時間がたつのは。もう一月も下旬だね。

咲　え、なーに？「げじゅん」って。

ご隠居　えーっ、聞いたことないかい？

咲　うん、初めて聞いた。

ご隠居　そうかねえ。ひと月を三つに分けて、月の初めから上旬、中旬、下旬っていうんだよ。

咲　へえ、そうなんだ。上・中・下ってことは、十日ぐらいの区切りってことになるんだね。

ご隠居　「**旬**」っていうのは、もともと「十日」とか「ひとまわり」って意味なんだ。十干《じっかん》って言葉聞いたことないかい。

咲　ないなあ。でも、その字は旬《しゅん》の野菜なんてときに使うよ。

ご隠居　なじみがないかねえ。区切りの十日を、**甲**《こう》**・乙**《おつ》**・丙**《へい》**・丁**《てい》**・戊**《ぼ》**・己**《き》**・庚**《こう》**・辛**《しん》**・壬**《じん》**・癸**《き》で表して、それが循環するんだな。

| | | |
|---|---|---|
| 甲子 コウシ きのえね | 乙丑 イッチュウ きのとうし | 丙寅 ヘイイン ひのえとら |
| 丁卯 テイボウ ひのとう | 戊辰 ボシン つちのえたつ | 己巳 キシ つちのとみ |
| 庚午 コウゴ かのえうま | 辛未 シンビ かのとひつじ | 壬申 ジンシン みずのえさる |
| 癸酉 キユウ みずのととり | 甲戌 コウジュツ きのえいぬ | 乙亥 イツガイ きのとい |
| 丙子 ヘイシ ひのえね | 丁丑 テイチュウ ひのとうし | 戊寅 ボイン つちのえとら |
| 己卯 キボウ つちのとう | 庚辰 コウシン かのえたつ | 辛巳 シンシ かのとみ |
| 壬午 ジンゴ みずのえうま | 癸未 キビ みずのとひつじ | 甲申 コウシン きのえさる |
| 乙酉 イツユウ きのととり | 丙戌 ヘイジュツ ひのえいぬ | 丁亥 テイガイ ひのとい |
| 戊子 ボシ つちのえね | 己丑 キチュウ つちのとうし | 庚寅 コウイン かのえとら |
| 辛卯 シンボウ かのとう | 壬辰 ジンシン みずのえたつ | 癸巳 キシ みずのとみ |
| 甲午 コウゴ きのえうま | 乙未 イツビ きのとひつじ | 丙申 ヘイシン ひのえさる |
| 丁酉 テイユウ ひのととり | 戊戌 ボジュツ つちのえいぬ | 己亥 キガイ つちのとい |
| 庚子 コウシ かのえね | 辛丑 シンチュウ かのとうし | 壬寅 ジンイン みずのえとら |
| 癸卯 キボウ みずのとう | 甲辰 コウシン きのえたつ | 乙巳 イッシ きのとみ |
| 丙午 ヘイゴ ひのえうま | 丁未 テイビ ひのとひつじ | 戊申 ボシン つちのえさる |
| 己酉 キユウ つちのととり | 庚戌 コウジュツ かのえいぬ | 辛亥 シンガイ かのとい |
| 壬子 ジンシ みずのえね | 癸丑 キチュウ みずのとうし | 甲寅 コウイン きのえとら |
| 乙卯 イツボウ きのとう | 丙辰 ヘイシン ひのえたつ | 丁巳 テイシ ひのとみ |
| 戊午 ボゴ つちのえうま | 己未 キビ つちのとひつじ | 庚申 コウシン かのえさる |
| 辛酉 シンユウ かのととり | 壬戌 ジンジュツ みずのえいぬ | 癸亥 キガイ みずのとい |

干支（十干十二支・六十干支）

咲　**十干**は、甲から始まって癸で終わる十日間の総称なんだよ。季節の食べ物がおいしい時期を「**旬**《しゅん》」っていうのは、日本での使い方なんだ。

ご隠居　ふーん。なんか**子**《ね》・**丑**《うし》・**寅**《とら》・**卯**《う》……みたいだね。

お咲ちゃん、いいとこに気付いたよ、**十二支**《じゅうにし》だね。昔は、これに十干を組み合わせて、年や月、日なんかを表したんだ。**甲子**《こうし》《きのえね》、**乙丑**《いっちゅう》《きのとうし》のようにね。

咲　でも、十干が十種類あって、十二支は十二種類でしょ。そうすると、組み合わせがずれちゃうね。

ご隠居　そうだね。この組み合わせだと、十と十二の最小公倍数の六十で一回りになるだろ。数えの六十一歳を「**還暦**」っていうのは、十干と十二支の組み合わせが六十で一巡して、六十一で最初に戻るってことなんだな。

咲　ああ、そうかあ。暦が還《かえ》るってことか。ねえ、甲子園球場の甲子はこれに関係あるの？

ご隠居　うん。**甲子園球場**は一九二四年に完成した球場なんだ。で、この年が甲子の年だったんだな。他にも、明治元年（一八六八年）に起こった維新政府軍と旧幕府側の内戦を**戊辰**《ぼしん》**戦争**なんて言ったりするだろ。

咲　へえ、なるほどねえ。こうやってみると、案外身近に使われてるのが十干（実感）できるね。

甲骨文

金文

**説文**　ぐるりとめぐる。十日を旬とする。「勹（＝つつむ）」「日」から構成される。

# 先

## 頭より足先が前に出てます

熊　百貨店の店員が「さきさまのご都合に合わせて……」って言ってただろ。

ご隠居　うん。それがどうかしたのかい。

熊　いや、その「さきさま」って何のことだい。

ご隠居　困ったもんだねえ。だから、熊は常識がないって言われるんだよ。「**さきさま**」ってのは、相手やそれこそ先方を敬う言い方なんだよ。

熊　そうやって、すぐ怒る。年取ったら人間まるくなるっていうけど、トゲトゲだもんな。で、その「さきさま」ってのは、どう書くんだい。

ご隠居　そりゃ、簡単だよ。「先様」って書くんだ。

熊　ほーっ。でも「先」に、相手を尊敬する意味があったのかね。

ご隠居　「**先様**」ってのは「向こう様」と同じように、自分との距離を持つことでやんわり相手を示す日本独特の使い方かもしれないね。「**先**」って字の下の部分は「**儿**」で、「にんにょう」とか「ひとあし」っていう部首でね。人がひざまずいた姿を表してて「人」って意味があるんだ。

甲骨文

金文

熊　へえ、そういうことなのかい。

ご隠居　で、その上の部分の「**生**」は「止」とか「之《シ》」が変化した形って言われてて、「あし」とか「いく」なんて意味があるんだよ。

熊　つまり、「先」は「人」と「足」で出来てるってことなのか。

ご隠居　うん。それで人の足先。人の頭よりも先に出ている部分。そこから「さきだつ」「さきんじる」って意味になるんだそうだ。

熊　なるほどねえ。

ご隠居　「**先生**」ってのは「先に生まれた人」ってことで、学徳に優れた年長者、教師を言うようになったんだ。だから敬称にも使われるんだな。

熊　なるほど。「先」ってのは、単に後先の問題じゃなくて、**先人**として尊敬してますっていう気持ちを込めてるってことなんだろうな。

ご隠居　たぶん、そうなんだろうね。日本での用法といえば、「**軒先**」なんて言い方も日本での使い方なんだ。この場合、先は「端」っていう意味だな。

熊　なるほど、軒先のことを**軒端**《のきば》とも言うしな。

ご隠居　そう。で、軒先にいるのが、うちの軒端（のんき婆《ばあ》）つまり、のんきな婆さんってわけだな。

熊　おいおい、おかみさん、大きなくしゃみしてるぜ。

---

**説文**　前に進む。「儿（＝人）」「之（＝行く）」から構成される。

# 【後】

## ゆっくり歩いていきます

咲　お父ちゃんが私に「鶏頭となるも十五となるなかれ」って言ったんだけど、何のこと言ってるのかな。

ご隠居　そりゃ「**鶏口となるも牛後となるなかれ**」のことじゃないかい。まったく、肝の言葉を間違えるなんて、熊も困ったもんだね。

咲　どうりで辞書に載ってないわけだ。何かの謎解きかなと思ってたんだ。

ご隠居　いや、たんなる間違いだと思うよ。これは、中国の前漢時代の歴史家、司馬遷が編集した『**史記**』の中にある言葉でね。大国の家臣でいるよりも小国のトップでいた方がいいって意味なんだ。

咲　鶏の口と牛の後かあ。「寄らば大樹の陰」って言葉もあるしなあ。どっちがいいのか分かんないな。ね、「後」って字を改めて見ると、「彳」（ぎょうにんべん）がついてるんだね。

ご隠居　そうだね。**後**っていう字は「彳」と「幺」と「夂」でできてるんだ。「**彳**」が「みち」とか「いく」って意味。「**幺**」には「幼い」とか「束ねた糸」

甲骨文

金文

なんて解釈があるんだ。

咲　「夊」は？

ご隠居　「**夊**」の部分は「**夏**」の下の部分と同じで「すいにょう」とか「なつあし」って言うんだが、「冬」の上の部分の「**夂**」（ふゆがしら）じゃないかって説もあるんだ。

咲　夏と冬！　季節は逆だけど、夊と夂の形はよく似てるね。

ご隠居　そうだね。いずれにせよこの部分には「ゆっくりいく」「おくれる」とか、辞書によっては「ついていく」なんて意味があるようなんだ。

咲　うーん。「幼い子が道をゆっくりいく」ってこと？

ご隠居　うん。そんなとこから「歩みが遅れる」「あとからいく」「うしろ」って意味になったようだよ。

咲　ねえ、後ろの反対語は、「先」とか「前」でしょ。でも「後《のち》の首相」っていえば「将来の首相」、つまり未来のことだよね。未来は進む先にあるはずなのに「後」だなんて、なんか分かりづらいね。

ご隠居　ほう、なかなか哲学的だね。そりゃ、あたしのように、尻が光らず頭が光る逆蛍《ぎゃくぼたる》みたいなもんかねえ。

咲　そりゃ、かなり分かりづらい。

---

**説文** 遅い。「彳(＝歩く)」「幺(＝わずか)」「夊(＝ついてゆく)」から構成されるのは、後(＝おそい)の意である。

# 適

## 一つにまとめ、まっすぐいく

咲　きょうね、「掃除なんかテキトーにやればいいんだ」って、サボってる男子と言い合いになったんだ。

ご隠居　おやおや、お咲ちゃんのクラスは、いつも男子が掃除をサボって、女子が怒って言い合いになるっていうパターンだねえ。そりゃ、じゃれ合ってるようなもんだね。

咲　そんなことないよ。ほんと、頭に来ちゃうんだから。それにしても「**適当**」って不思議な言葉だよね。「いいかげんな」っていう意味と「適切な」っていう意味を両方持ってるでしょ。

ご隠居　なるほど。確かに面白い言葉だよね。

咲　「テキトーに」って言うなら、「適切に」掃除すればいいのに……。でも適当の「適」ってどういう意味なんだろう。

ご隠居　「**適**」は、「**商**」と「いく」っていう意味の「**辵**《チャク》」（辶＝しんにょう）で出来てるんだな。

甲骨文

金文

咲　「**商**」の部分はどういう役割があるの？

ご隠居　これが「テキ」っていう音を担ってるっていうんだな。「**敵**」とか「**滴**」「**摘**」も同じように「テキ」って音を持ってるだろ。

咲　ああ、そうだね。

ご隠居　音だけじゃなくて「**商**」には「まっすぐ」って意味があるっていう説もあるんだ。

咲　それだと「まっすぐいく」ってことになるね。

ご隠居　そう。「**商**」が「**啻**」の変化した形で「一つにまとめる」意味だっていう説もあるんだよ。で、「啻」の中にある「**帝**」っていうのが、世界を一つにまとめる神のことだとも言われてるんだ。

咲　一つにまとめる？　ああ、**帝王**とか**帝国**とか……。

ご隠居　そう。そういったところから**適**は「かなう」「ふさわしい」「当てはまる」って意味が生まれたようなんだ。

咲　へー、それで**適当**っていうのは「ぴったり当てはまる」「適切な」っていう意味になるんだね。

ご隠居　そういうこと。まあ、あたしがお咲ちゃんと同級生だったら、お咲ちゃんの適当なる（敵となる）のは避けて、まじめに掃除しますけどね。

**説文**　ゆく。「辵（＝ゆく）」から構成され、「啻」が音。「適」は宋《ソウ》や魯《ロ》の語である。

# 【節】

## 竹の札に記した決まり事

熊　お、写真の整理かい？　可愛《かわい》い花が写ってるね。

ご隠居　かれんだろ。**節分草**っていってね、節分のころ咲くんだよ。せんだって写真を撮りに行ってきたんだ。

熊　でも、節分のころ咲くから節分草っていうのも、お手軽すぎるよな。

ご隠居　そんなこたぁないだろ。**彼岸花**ってのは、お彼岸のころ咲くんだし。

熊　あ、そうか。でも、節分の「節」って何なんだい。

ご隠居　中国の古い字書には、**節**は「竹のふし」のことだって書いてあるんだ。

熊　ああ、なるほどね。人間に見立てれば竹のふしは「**関節**」ってことになるのか。「**季節**」ってのは四季のふし目ってことになるかね。

ご隠居　そうそう。で、**節分**っていうのは、立春・立夏・立秋・立冬の前日、つまり気候の移り変わる**節目**を指してたんだ。

熊　えっ、節分って年に一回じゃなくて、季節ごとに四回あったのかい。

ご隠居　うん。立春の前日の節分が一般的行事として残ったのは、厳しい冬から

金文

陶文

熊　春を迎える高揚感からかね。太陽の力が増して草木が芽生え、生き物の新しい誕生とも重なって、特に神聖な気持ちになったんだろうね。

ご隠居　それで、豆をまいて邪気を払う風習が生まれたってことなのかね。

起源ははっきりしないんだけどね。豆まきのときに「**焼《や》い嗅《か》がし**」っていって、焼いた鰯《いわし》の頭を柊《ひいらぎ》の枝に刺して戸口に挟んだりするだろ。鰯の臭いと柊のトゲで鬼がやってこないようにするんだ。ほら、**鰯の頭も信心から**なんて言うだろ。どうも、この辺から出た言葉のようだよ。

熊　ふーん。それにしても、竹のふしまで漢字にするくらいだから、竹そのものが大昔の社会じゃ重要なものだったんだろうな。

ご隠居　そうだね。紙が普及する前は木簡と同じように、**竹簡**っていう竹で出来た札に、色々な決まり事なんかを記録してたようなんだ。

熊　へえ、そうなのかい。節ってのは、竹の象徴みたいなもんだな。

ご隠居　そうだね。そんなとこから決まり事を**節度**、儀礼の決まり・作法を**礼節**、竹に文字や刻みを入れた通行証を持った使者を**使節**っていうんだ。

熊　使節ってそこからきてるのか。なかなか奥が深いねえ。

ご隠居　だろ。こうやってみると、節分草って名前も趣があるだろ。

熊　ご隠居、やだねえ。節分草の写真に節分（接吻《せっぷん》）するんじゃないっての。

---

**説文**　竹のくびれたふし。「竹」から構成され、「即」が音。

# 【雪】

## ほうきで奇麗に掃き清め

咲　やったあ。はい、王手！

ご隠居　え、ちょ、ちょっと待っておくれよ。

咲　だめーっ！　ご隠居さま、本当に将棋が弱いねえ。

ご隠居　よし、リベンジだ。もう一勝負しよう。

咲　リベンジって？

ご隠居　日本語で言えば雪辱ってことだな。

咲　せつじょく？

ご隠居　「雪」と辱めるの「辱」で**雪辱**。勝負で負けた恥を、次の勝負に勝って名誉を取り戻すことを言うんだ。

咲　ふーん。「辱」がつくのは分かるけど、なんで「雪」がついてるの？

ご隠居　雪にはお天気を表す以外に、「すすぐ」って意味があるんだ。

咲　すすぐ？

ご隠居　「汚名を**雪《すす》ぐ**」なんてふうに使って「不名誉を取り除く」ってことなんだ。

甲骨文

甲骨文

咲　でも、雪のどこにそういう意味が隠れてるのかな。

ご隠居　そうだね。**雪**って字は、もともと「**雨**」と「**彗**《スイ》」で出来てたんだな。

咲　「ヨ」みたいな部分が「彗」ってこと？

ご隠居　そう。もともと「雪」の「ヨ」みたいなところは、「彗」の下の部分と同じ「**ヨ**」って形だったんだよ。ほら、彗星《すいせい》のことをほうき星って言うだろ。つまり**彗**は、草や竹で出来たほうきのことなんだ。

咲　ほうき……ってことは「掃く」ってことと関係があるの？

ご隠居　雪が万物を掃き清めるってことだね。それで「すすぐ」。雪の「セツ」って音が汚れをふき取るって意味の「刷《サツ》」と同系だって説もあるんだよ。

咲　真っ白い雪が、すべてを奇麗にしてくれるって感じなのかな。

ご隠居　うん。昔から**雪月花**《せつげつか》は美しい風物の代表だからね。おからを雪の花に見立てて**雪花菜**《きらず》とか、梅を**雪中君子**《せっちゅうのくんし》なんて言ったりもするんだ。雪辱と同じ意味で**雪恥**《せっち》っていう言葉があるんだけど、これを「**雪恥ずかし**」と読むと「雪も恥じらうばかりに白い」って意味になるんだ。

咲　へえ、風流だね。

ご隠居　よし、それじゃ将棋の雪辱戦といこうか。

咲　何回指しても、私に勝ち雪花菜（きらず）だと思うけどね。

**説文**　雨を凍らせたもので、万物を悦《よろこ》ばせるもの。「雨」から構成され、「彗」が音。

# 報

## 「仕返し」に罰を与える

ご隠居　冬のオリンピックが始まるね。あたしゃ、楽しみにしてたんだよ。

熊　これから毎日、新聞もテレビもスポーツ**報道**満載だろうな、きっと。ご隠居、報道の「**報**」には「幸」って字が入ってるから、きっといい知らせを伝えてくれると思うよ。

ご隠居　そうだとうれしいねえ。でも、漢字の成り立ちからいうと、「報」に「幸」があるからといって、いい知らせを伝えるってことにはならないんだよ。

熊　なんだよ、せっかく盛り上げようと思ってんのに。また、そうやって水を差す。何が違うってんだい。

ご隠居　お咲ちゃんに話したんだが、「**幸**」は手枷《てかせ》の形だとか言われててね(※)。

熊　ああ、そういえば、そんなこと言ってたな、咲のやつ。

ご隠居　そうだろ。「報」の「**𠬝**」の部分が、ひざまずいてる人を手で押さえている姿を表してるとか、「報」の音を担ってるとかいうんだな。

熊　ってことは、「**報**」は悪いことをした人に、手枷をはめて懲らしめるっ

甲骨文

金文

てな意味なのかい。

ご隠居　そうだね。「罪を犯した仕返しに罰を与える」っていう説があるんだ。そんなところから、報は「むくいる」って意味になったようだよ。「**報復**」って言葉もあるだろ。

熊　あれっ、そういえば「𠬝」は「服」の右側と同じだな。

ご隠居　「罪に**服する**」なんて言い方もあるからね。「**服**」には「従う」って意味も含んでるようだよ。

熊　「むくいる」って言葉は処罰のときだけじゃなくて、「恩にむくいる」なんてふうに「お返しをする」って場合にも使うよな。

ご隠居　そうだね。「仕返し」が「お返し」に移り変わった使い方のようなんだ。

熊　「報道」とか「報告」は、それとは違う使い方だよな。

ご隠居　「神の恩徳にむくいるためにまつる」から「**報徳**」。それを知らしめるために「知らせる」「告げる」。そんなところから「**報道**」とか「**報告**」なんて意味にもなってきたようなんだ。ま、結果はどうあれ、これまで頑張ってきたオリンピック選手の努力は、報われてほしいもんだよね。

熊　そうだなあ。俺も若いときにゃ相当、報道（放蕩《ほうとう》）してたから、そのうち報いがくるかもしれねえなあ。

※「幸」（157ページ）参照。

---

**説文** 罪人に判決を下す。「㚔（＝刑具）」「𠬝」から構成される。「𠬝」は罪に服する意である。

# 【演】

## 長〜い流れに身をまかせ

咲　この前、お芝居見てきたんだ。面白かったなあ。

ご隠居　何のお芝居だい。

咲　サミュエル・ベケットの『ゴドーを待ちながら』。

ご隠居　えーっ、不条理劇の代表作だろ。二人の男がずっとゴドーさんを待ってるって話で、お咲ちゃんには、ちょっと難しかったんじゃないかい。

咲　そんなことなかったよ。結構笑えたし。それにしてもご隠居さま、よく知ってるね。

ご隠居　こう見えても、演劇青年だったからね。

咲　へー、そうなんだ。私も今度の学芸会でお芝居作りたいんだ。ねえ、演劇ってトラがおぼれる様子を劇的に表現したのが最初なの?

ご隠居　どうしてだい。

咲　「**演**」って、水を表す「**氵**」（さんずい）と干支《えと》の「**寅**《とら》」でできてるじゃない。

ご隠居　ああ。でも、それはちょっと劇的すぎるな。演はもともと「長い流れ」

甲骨文

咲　とか「水をひく」「物事を引き延ばす」なんて意味だったんだよ。

ご隠居　やっぱり水に関係してたんだ。でも、何で寅がついてるの。

**寅**には「イン」という音があって、**演**（エン）の音の元になってるんだ。さらに寅は「矢を両手でまっすぐのばす」様子を表してるって言われてね。寅は演の元の字だとも言われてるんだな。

咲　つまり、まっすぐのびた水ってことか。それで演は「長い流れ」なんて意味になるんだね。じゃ、演じるって意味の場合は……。

ご隠居　残念ながら詳しいことは分からないんだ。口やしぐさで話を展開させるってことが「引き延ばす」に通じるんじゃないかって説も、あるにはあるんだけどねえ。

咲　今じゃ「長い流れ」とか「引き延ばす」なんて意味では、あまり使わないのにね。

ご隠居　そうだね。その意味を持つ言葉は、**演繹**《えんえき》とか**演義**くらいかな。漢字の意味も年を経て変化していくからね。で、お咲ちゃんは、どんな芝居を作るんだい。

咲　今度の学芸会でやりたいのは、『ゴドーを待ちながら』に敬意を表して『ゴンドークジラを待ちながら』。

---

**説文**　長い流れ。一説に、川の名、という。「水」から構成され、「寅」が音。

# 【索】

## 縄をなって、たぐり寄せ

熊　咲が、パソコンが欲しいって、うるさくってさ。

ご隠居　まあ、そうだろうね。このごろじゃ、みんな持ってるようだからね。

熊　そうなのかねえ。パソコンで何をするんだって聞いたら、インターチェンジでいろんなことを検索するんだとか言うんだよ。

ご隠居　おいおい、そりゃインターチェンジじゃなくて、インターネットだろ。ちょっと値は張るけど買っておやりよ。

熊　だいたい、そのインターネットってのは何なんだい。

ご隠居　パソコン同士をつなぐ巨大な情報通信網とでもいうのかな。世界中から知りたい情報を瞬時にやり取り出来る便利なもんなんだよ。

熊　いくら便利だからって、そんな高価なもの冗談じゃねえよ。それにしても、検索なんて言葉、俺らの子どもの時分にはなかったと思うんだがな。

ご隠居　まあ、あるにはあったけど、一般的じゃなかったね。

熊　検索の「検」は検査とか検討なんて言葉もあるから「調べる」ことじゃ

古璽文　金文

ねえかなとは思うんだが、「索」ってのはどういう意味なんだい。

ご隠居　「検」は大体、熊の言った通りだね(※)。「**索**」ってのは「縄を綯《な》う」っていう意味なんだよ。

熊　縄？

ご隠居　うん。甲骨文字とほぼ同じ時期に青銅器に記された金文《きんぶん》っていう文字には、家の中で**糸**（縄）を両手で綯う形が描かれているんだ。

熊　俺のじいさんも、冬に家でわらじ編んでたことがあったけど、そんな感じかね。

ご隠居　秦の始皇帝が定めた小篆《しょうてん》という書体では、「**索**」は「**米**」と「**糸**」で出来てて、「草に茎と葉があって縄となるもの」っていう解釈があるんだな。

熊　いずれにしても、縄に縁がある字なんだな。

ご隠居　そう。それで縄をたどるようにして、何かを探したり調べたりすることを**検索**っていうんだ。

熊　「思索」とか「模索」って言葉はどうだい。

ご隠居　筋道をたどって深く考えることを**思索**、あれこれ探りながら進めることを**模索**ってな具合だな。

熊　ふーん。今年はパソコンを買うかどうかで、年中（暗中）模索だな。

※「検」（204ページ）参照。

---

**説文** 草に茎と葉とがあって縄を作ることができるもの。「米(＝草木が茂るさま)」「糸」から構成される。杜林《トリン》は、「米」も朱木の字と説く。

# 【長】

## 尊敬される?長髪のお年寄り

咲　長老って「長年、年をとってる人」って意味じゃないよね。

ご隠居　なんだい、いきなり。そりゃ、長年、年をとってるってのも変だろ。**長老**ってのは、経験豊かで尊敬すべき年長者ってことだよ。それがどうかしたのかい。

咲　うん。「長」って「ながい」って意味でしょ。でも長老って言葉になると「ながい」って意味に当てはまらないなあ、と思ったんだ。

ご隠居　ああ、確かにそうだね。「**長**」っていう字は、**長髪**の人をかたどったものだって言われてるんだ。

咲　長髪だから「ながい」ってことか。

ご隠居　そういうこと。少し難しく言うと、空間的あるいは時間的に隔たりがある状態を指すっていうんだな。

咲　空間的、時間的?

ご隠居　そう。だから「長さ」だけじゃなくて「高さ」「遠さ」「育つ」なんて場

甲骨文

金文

合にも使われるんだ。

咲　高さ、遠さ、育つ？　たとえばどんなふうに？

ご隠居　「**長軀**《ちょうく》」といえば背が高いこと。軍隊が馬で遠くまで遠征することを「**長駆**《ちょうく》」。「**成長**」っていうのは、まさに育つってことだろ。

咲　黒板に書くとき使うのは、チョーク。

ご隠居　そこで駄洒落《だじゃれ》を持ってくるかね。次第に「長」が「まさる」とか「すぐれる」なんて意味を持つようになったんだな。「武芸に**長ずる**」なんて場合の「長ずる」には、「他よりぬきんでてすぐれる」って意味だろ。

咲　優れた点を「**長所**」って言うもんね。

ご隠居　そんなところから「**尊敬**」っていう意味も出てきて「**長老**」って具合さ。もっとも「長」っていう字が、長髪の人が杖《つえ》をついている姿だって説もあるからね。

咲　杖ついた長髪のお年寄り？　ロッケンローラーの内田裕也？

ご隠居　その説を紹介している辞書には、長髪は長老のみに許されたって書いてあるけどね。シェケナベイベー。

咲　長老って人格的に優れているだけじゃなくて、髪の毛も重要だったんだ。そりゃ残念だったねえ、ご隠居さま。そこんとこヨロシク。

---

**説文**　久しく、遠い。「兀」「匕」から構成され、「兀」は高い意があり、〔「匕」は〕久しければ変化することである。「亾」が音。

# 関

## 門に横棒さして通せんぼ

咲　ご隠居さま、どうしたの？　随分、落ち込んでるじゃない。

ご隠居　大相撲の春場所、中止になったからね。

咲　ご隠居さま、相撲大好きだからね。元気出してよ。ね、相撲取りって**白**《はく》**鵬**《ほう》**関**《ぜき》とか、しこ名に「関」をつけるでしょ。何でなの？

ご隠居　ああ、十両以上の力士につける敬称だからね。

咲　どうして関が敬称になるの？

ご隠居　うん。関の古い字の形は「**關**」なんだ。この門構えの中が「カン」っていう音を表すっていうんだ。

咲　へえ、そうなんだ。

ご隠居　関には「つらぬく」「貫通する」なんて意味もあってね。

咲　貫くってこと？

ご隠居　そう。お寺の門なんかに、金具に横木を通した「かんぬき」があるだろ。

咲　うん、見たことあるよ。それが関なの？

金文

古璽文

ご隠居　そういうこと。そんなところから「とざす」とか「しめる」「せく」……。

咲　「せく」って?

ご隠居　「塞《せ》く」とか「堰《せ》く」なんて字を書いて、「せき止める」って意味なんだ。

咲　せき止める、かあ。あ、**関所**っていう言葉がそれに近いかな。

ご隠居　そうだね。かんぬきって、観音開きになっている門を閉ざすだけじゃなくて「つなぐ」役目もあるだろ。物と物をつなぐ仕組みって意味で「からくり」とか「しかけ」。**機関**とか**関節**なんて言葉がそうだね。

咲　ああ、なるほど。

ご隠居　さらに「かかわる」「あずかる」「つうじる」って意味も生まれてね。天子に上奏する前に重臣に伝えることを関白って言ったんだ。**関白**っていうのは、関《あずか》り白《もう》すってことなんだ。

咲　白は「申す」ってことなんだ。

ご隠居　そうなんだよ。**建白**とか**告白**っていう言葉がこの仲間だね。そのうち関白が官名になっていったんだな。次第に力のある人を指して……。

咲　あ、そうか。相撲の世界だと、力のある相撲取りが**関取**ってことかあ。

ご隠居　そういうこと。熊だって家じゃ亭主関白だろ。

咲　ううん。お父ちゃんの場合は、亭主腕白《わんぱく》だって。

---

**説文**　木の横になったもので門扉を支える。「門」から構成され、「𢍰」が音。

# 発

## 矢を放つ瞬間の「パッ！」

熊　パッとひらめかないとなあ。パッと……。

ご隠居　なにをぶつぶつ言いながら歩いてんだい。

熊　あ、ご隠居かい。発明家になって、一儲《ひともう》け出来ねえかなと思ってね。

ご隠居　発明家って言ったって、熊が考えるほど、簡単じゃないだろうよ。

熊　そりゃ、な。でも、こうパッとひらめく瞬間が来るかもしれないだろ。

ご隠居　ま、「パッ」っていうのは、発明の「発」って字にとっちゃ、相性のいい言葉かもしれないけどね。

熊　どういうことだい？

ご隠居　うん。「**発**」はもともと「**發**」って書いてたんだな。

熊　「弓」と「殳」と……。

ご隠居　「**癶**」。これは「はつがしら」といって「発」の部首なんだ。両足を広げて踏ん張ってる姿を表してるって言われてるんだ。「はつがしら」の下の「**弓**」と「**殳**」の部分が、弓を射る姿だっていうんだな。

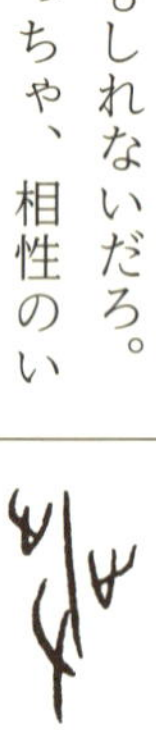
甲骨文

金文

熊　ってことは、「**発**」は足を踏ん張って弓を射るってことになるな。
ご隠居　そうだね。「**殳**」には手に武器を持つなんて意味があって、「殴る」とか「投げる」ってことなんだ。これが部首になると「ほこがしら」とか、その形から「ル又《るまた》」なんて言うんだ。
熊　るまた？　そりゃ、また。
ご隠居　それ、駄洒落《だじゃれ》かい？　もう一つ説があってね。「**弓**」と「**癹**」で出来てて、「**癹**」が「ハツ」って音を持ってるっていうんだな。
熊　いずれにせよ、弓を射るってことなんだろ。
ご隠居　そうそう。で、「パッ」と音を立てて、矢が離れるってのがミソなんだ。
熊　ほう、どうして。
ご隠居　「**発射**」とか「**発進**」なんてふうに、瞬間的な動きを表す言葉に使われたりするんだな。パッと現れ出ることを「**発生**」なんて言うだろ。
熊　なるほどねえ。
ご隠居　花がパッと開くことを「**発《ひら》く**」って書いたりするんだ。「**発明**」「**発掘**」「**啓発**」なんてのは、ふさがったところを開いて明らかにすることだろ。
熊　そうか。じゃ、発明の妙案がパッとひらめくまで、果報は寝て待てというかな。

**説文**　矢を発する。「弓」から構成され、「癹」が音。

# 巻

## クルッとまいて保管する

ご隠居　苦虫をかみつぶしたような顔して、どうしたんだい、お咲ちゃん。

咲　漢字テストでイタすぎるミスしちゃって……。

ご隠居　どれどれ、答案を見せてごらん。ああ、「あっかん（圧巻）」を「圧巷」かあ。「巻」と「巷《ちまた》」は確かに似てるけどねえ。巷だけに「やっちまったなあ」ってとこかい。

咲　もう、駄洒落《だじゃれ》で片づけないでよ。

ご隠居　はは、ごめん、ごめん。次からは間違えないようにすればいいんだよ。**捲土重来《けんどちょうらい》を期す**って言うだろ。

咲　けんどちょうらい？

ご隠居　そう。砂ぼこりを巻き上げるような勢いで再びやってくるって意味で、一度失敗したとしても、それを巻き返すってことさ。「捲」は巻くっていう意味なんだ。「**巻土重来**」とも書いたりするんだよ。

咲　ふーん。でも、捲の旁《つくり》の「巻」と「巻」じゃ、形が微妙に違うよ。

ご隠居　よく気付いたね。昔は、「巻」を「卷」って書いたんだな。今でも「捲」や倦怠感《けんたいかん》の「倦」の旁の部分に、その形が残ってるんだ。

咲　巻の下の「㔾」の部分って豚のしっぽみたいだよね。

ご隠居　クルッとまいた感じが出てるだろ。この部分は人が体を丸めた様子だとか、ひざまずく、うつぶせになった状態を表してるなんて言われているんだよ。

咲　巻の上の「龹」は？

ご隠居　こっちは音を表してるって言われてるんだ。もともとは「釆」と「廾」が組み合わされた形で、釆が獣の皮で廾が両手を表してて、獣の皮を両手でまいている様子だとか、ばらまかれたものを両手で受け止める様子だなんて言われてるんだよ。

咲　へー、まくっていうのが、巻の基本的な意味なんだね。でも、本を数えるときにも一巻、二巻って言うのはなぜなんだろう。

ご隠居　巻物なんて言うように、書物はくるくる巻いて保管したからなんだよ。

咲　そうなんだ。ご隠居さまの説明は分かりやすくて、舌を巻いちゃうな。

ご隠居　ほめてくれるのはお咲ちゃんだけだよ。うちのばあさんときたら、こういう話をすると面と向かって圧巻べー（あっかんべー）だからね。

**説文**　ひざの裏側の屈曲する部分。「卩（＝ひざまずく）」から構成され、「龹」が音。

# 検

## 集めてまとめて封をして

熊　せんだって俺が「検」は「調べる」ことだって言ったら、ご隠居が「大体、熊の言ったとおりだ」って話したのを覚えてるかい(※)。

ご隠居　そうだったかね。

熊　また、そんな無責任な。「大体」なんて言われたもんだから、かえって気になっちまって、あれから夜も寝られやしないんだぜ。

ご隠居　熊が寝れない!?　そりゃ、春の珍事だね。

熊　また、そう言ってからかう。

ご隠居　ごめん、ごめん。「検」っていうのは、もともと「檢」と書いて「封印」のことだっていうんだな。

熊　封印？

ご隠居　いくつか説はあるんだが、「僉」の部分が音を表してると同時に、多くの物や人を集めて「まとめる」って意味があるらしいんだな。それで檢は、木の札なんかに書かれた文書、つまり木簡をまとめて箱におさめて

封印するってことらしいんだ。

熊　へー、もともとはそんな意味だったのか。

ご隠居　「封印」なんて意味から「拘束する」「律する」「取り締まる」とか「調べる」なんてふうに広がっていったんだな。

熊　なるほどねえ。それで、ご隠居は「大体合ってる」って言ったわけか。そういえば、俺のじいさんは「検査」の「検」は**木偏**なのに、よく間違えて「撿査」って具合に**手偏**の「撿」を書いてたな。

ご隠居　いやいや、そりゃ間違いじゃないんだよ。ちょっと前までは検（檢）じゃなくて、「撿」をよく使ってたもんなんだよ。

熊　そうなのかい？

ご隠居　**撿**には「締めくくる」「取り締まる」「調べる」って意味があってね。撿は検とほとんど同じ意味を持ってるんだよ。

熊　木偏と手偏なのに同じような意味があるなんて、面白《おもしれ》えもんだな。

ご隠居　だから熊のおじいさんの頃には、**撿査**とか**撿閲**なんて書き方はごく普通のことだったんだよ。

熊　検だけに木偏（機変＝臨機応変）ってわけか。

ご隠居　その駄洒落《だじゃれ》、結構難しいよ。理解するのは手偏（てーへん＝大変）だ。

※「索」（194ページ）参照。

**説文** 封印として書く上書き。「木」から構成され、「僉」が音。

# 切

## ぴたりと寄り添う感覚？

咲　ご隠居さま、「親を切る」って書いて「親切」でしょ。**親切**って思いやりをもって、人のために何かするってことでしょ。なんだか言葉の意味と漢字の使い方がちぐはぐだよね。

ご隠居　ああ、そうだね。そう言われてみると、面白い言葉だね。

咲　「**切**」って、数字の「**七**」と「**刀**」で出来てるでしょ。「きる」だから「刀」がつくのは分かるけど、どうして数字の「七」がついてるんだろうね。

ご隠居　ほー、随分勉強してきたね。「**七**」は、「切」の「セツ」って音の元になってるんだな。

咲　でも、七って数字だよ。「きる」って意味とは関係ないんじゃないの。

ご隠居　「**七**」は音を表すだけじゃなくてね。もともと切られた骨の形を表したものだって説もあるんだな。

咲　切られた骨!?　へー、そうなんだ。

ご隠居　漢字の祖先とも言われる甲骨文字を見ると、「七」は縦と横から切りつ

甲骨文　七

金文　七

けた「十」みたいな形に刻まれてるんだ。だから、七だけで「きる」とか「たちきる」って意味があったっていうんだ。

咲　へえ、そうなんだ。

ご隠居　「七」が後に数字として使われるようになったんで、**刀**を付け加えて意味をはっきりさせたとも言われてるんだ。

咲　そうは言っても、親切とはほど遠いよねえ。

ご隠居　刃物をぴたりとあてて切るってことから「寄り添う」って意味が生まれて、そこから「身近について、行き届くさま」を親切っていうんだって説もあるんだ。

咲　ちょっと、眉《まゆ》に唾《つば》しないとって感じだけど、**切迫**って言葉には、刃物をぴたりとあてるっていう、差し迫った緊張感みたいなものはあるよね。

ご隠居　うん、そうだね。**切々**といえば「思いや情が強く心に迫る様子」、**切望**は「強く願うこと」だろ。

咲　なるほど。そう考えると「切」には、ぴたりと寄り添ったり、迫ったりする感覚が含まれてるっていうのも分かるね。

ご隠居　まあ、そうだね。おいおい、いくら水屋に寄り添ってもお団子は出てこないよ。

---

**説文**　たちきる。「刀」から構成され、「七」が音。

# 凸

## よく記号に間違えられます

熊　咲が「でこぼこ」って漢字があるって言い張るんだ。そんなマンガみたいな字ってあるのかい?

ご隠居　ああ、あるよ。凸凹って書くんだが、見たことないかねえ。

熊　やだねえ。冗談言っちゃいけねえよ。そりゃ、漢字じゃなくて記号だろ。

ご隠居　なに言ってんだろうね。ほら、この辞書、見てごらんよ。

熊　あれ、ほんとだ。生意気に部首もあるんだな。

ご隠居　「凸」も「凹」も「凵」が部首でね。「うけばこ」とか「かんにょう」っていうんだな。

熊　凸も凹も五画か。あれー、凵で二画だろ。どうやったら五画で書けるんだい。

ご隠居　うん。一般的な書き方だと、凸は丨→┘→┘┐→┘┐|→凸。凹は┐→┐|→┐┌|→┐┌|└→凹。で、五画って寸法さ。

熊　ありゃりゃ、狐《きつね》につままれたみたいだな。

ご隠居　ははは。つまれついでに言うと、「**凸凹**」は「**でこぼこ**」って読むだろ。でも同じ意味なのに字を逆さまにして「**凹凸**」って書くと、「ぼこでこ」とは読まず「**おうとつ**」って読むのも、面白いだろ。

熊　そういや、この前、果物屋の前を通りかかったら、「**凸柑**」って札があったな。ありゃ、なんのことだったのかな。

ご隠居　ああ、そりゃ、**ポンカン**って読むんだよ。

熊　へっ、ポンカン？

ご隠居　うん。「**凸**」を「**ポン**」って読む中国の方言もあるんだってさ。もっとも、「凸」がポンカンの形に似てるってのが、なかなかユーモラスでいいじゃないか。

熊　漢字なのに形が記号みたいだから、若い連中の中には遊び感覚で使うのもいるんだろうな。

ご隠居　そうだね。「おでこ」を意味する「でこちん」を「**凸珍**」、「はらぺこ」を「**腹凹**」なんてふうに書く場合もあるね。

熊　咲もメールじゃ、俺のことを「凹凸ｃｈ」（おとうちゃん）って書いてるからな。

ご隠居　そりゃ、凸腹（メタボ）って書かれなくて、凹（御《おん》）の字じゃないか。

# 【君】

## 神の意を伝え人々を治める

ご隠居　お咲ちゃん、どうしたんだいものすごい形相で。

咲　頭にきちゃった！　給食の片付けをしない男子を怒ったら、私のこと「**暴君**だ」って言うんだよ。レディーに対して失礼だと思わない？　だいたい「君」って、男の子の名前につけるものでしょ。

ご隠居　そりゃまた、えらい剣幕だね。はい、深呼吸、深呼吸。落ち着いたかい？　実は、「君」ってのは、男の子に対してだけ使うものでもないんだよ。

咲　え、そうなの？

ご隠居　うん。おかみさんのことを「**細君**《さいくん》」なんて言ったりするからね。

咲　じゃ、私のお母ちゃんも細君なの？　かなり太めだと思うけど。

ご隠居　お咲ちゃん、別にそういう意味じゃないから。もともと「**君**」っていうのは「尊い人」ってことなんだよ。

咲　そうだったの。

ご隠居　うん。「君」っていう字は、「尹」と「口」でできてるだろ。

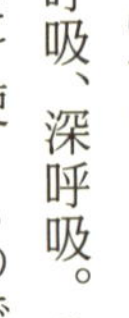
甲骨文

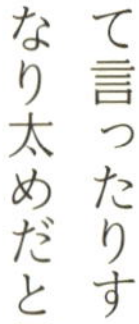
金文

咲　あ、ほんとだね。

ご隠居　**尹**の部分は、「イン」って音を持ってて、それが変化して「クン」になったって言われてるんだな。

咲　へえ。「イン」から「クン」にねえ。

ご隠居　尹には「調和する」って意味もあってね。神と人の間を取りもって治める聖職を指すって説もあるんだ。

咲　それじゃ、口は？

ご隠居　神の意思を命令したり、号令を発したりするって意味で、**口**がついているようだよ。

咲　ってことは？

ご隠居　君は、神の意を伝え人々を治める統治者ってことなんだよ。

咲　ああ、それで**主君**なんて言葉ができたんだね。

ご隠居　そうなんだ。徳の高い立派な人や、尊敬すべき人を指すようになったんだね。**君子**とか言うだろ。

咲　なるほどねえ。そういえば、ご隠居さま、ヒョウ柄のフリースなんか着ちゃって、いつもと雰囲気が違うね。

ご隠居　だろ。まさに「君子は豹変《ひょうへん》す」。なーんてね。

---

**説文**　尊いひと。「尹(＝治める)」から構成される。命令を発布するので「口」から構成される。

# 餃

## 「うまさ」を伝えた方言

熊　ここだよ、ご隠居。すごい行列だね。

ご隠居　いやあ、ほんとだね。帰ろうか。

熊　また、すぐそういうこと言う。急ぐ用事があるわけじゃなし、並ぼうぜ。

ご隠居　餃子《ギョーザ》で並ぶかね。

熊　もう、四の五の言わない。ご隠居、大きい声じゃ言えないけど、「餃子」の「子」は「ザ」って読むのかい？

ご隠居　ああ、「**餃子**」の「ギョー」も「ザ」も、あまり辞書にない読み方なんだ。

熊　え、どういうことだい。

ご隠居　ギョーザが中国語の読み方だってのは、知ってるだろ。なじみのある言葉だけど、実は、あまり古くない中国語なんだな。

熊　じゃ、春巻きもかい？

ご隠居　いや、春巻きは日本式の単語だけどね。**焼売**《シューマイ》とか**叉焼**《チャーシュー》なんかは、中国語だよ。

熊　そうなんだ。知らなかったなあ。

ご隠居　辞書によると、「餃」は「コウ」か「キョウ」って読むんだ。もともと、米の粉を飴《あめ》でこねたお菓子のことだったようだよ。「子」も「こ」「シ」「ス」って読みくらいしかないからね。

熊　それじゃ、どうして餃子を「ギョーザ」って読むんだい。

ご隠居　中国語で餃子を「**チアオツ**」って読むんだけど、中国の東北地方や山東省辺りの方言では「**ギャオズ**」っていうふうな読み方になるらしいんだ。そこの方言が日本に入って「**ギョーザ**」になったっていうんだな。

熊　中国に方言があるのかい？

ご隠居　そりゃ、あるよ。日本だって地方によってかなり違ってるんだから。ましてや国土の広い中国だからね。方言はたくさんあるんだよ。上海《シャンハイ》や香《ホン》港《コン》辺りの言葉も、標準語とされる北京《ペキン》語とはかなり違うからね。

熊　焼売や叉焼も方言なのかい。

ご隠居　そうらしいよ。香港辺りの広東《カントン》語に由来しているって言われてるんだ。

熊　ふーん。おっ、席が空いたようだよ。たくさん食べようぜ。

ご隠居　熊、子どもじゃないんだからボロボロこぼさないでチアオツ（上手）に食べなさいって。

# 極

## 駐車場に今も残る約束事

咲　最近、空き地だったところに駐車場が出来たんだけど、その名前がすごく妙なんだよ。

ご隠居　そんなに変な名前の駐車場なんてあったかねえ。

咲　ちょっと一緒に来て、すぐそこだから。ほら、あそこ。ねっ、「げっきょく駐車場」って書いてあるでしょ。奇妙な名前でしょ。

ご隠居　げっきょく？　ああ、ありゃ「げっきょく」じゃなくて「つきぎめ」って読むんだよ。しかも駐車場の名前じゃないから。

咲　えー、そうなの？

ご隠居　そう。月ごとの約束で借りる駐車場のことだよ。だから「つきぎめ」。

咲　だって「**月極**」って書いてあるんだよ。「つきぎめ」って書くなら「月決め」でしょ。「極」なんて使わないよ。

ご隠居　そうだね。確かに学校じゃ習わない使い方だね。

咲　極は「きわめ（る）」だよ。

ご隠居　その通り。**極**は屋根の一番高いところにわたす棟木のことで、そこから「高い」「遠い」「きわめる」って意味になったって説もあるんだ。

咲　それがなんで「月極」っていう使い方になったの？

ご隠居　江戸時代には「極《きわ》め」が決めごととか約束って意味として「きめ」っていう読み方で使われ始めたようなんだ。もちろん「決める」って書いてもいたんだけどね。

咲　江戸時代かあ。……ってことは日本独特の使い方なの？

ご隠居　そうなんだよ。明治時代の『**言海**』っていう、日本で最初の近代的な国語辞典には「きめる（きむ）」は「極」で載ってるんだ。

咲　じゃ、どうして「**極**」が「きわめる」で、「**決**」が「きめる」って具合に分かれたの。

ご隠居　それは戦後、みんなが使う漢字の範囲を国が決めたときに、漢字とその読み方を整理したからなんだな。

咲　それでも、いまだに江戸時代からの使い方が残ってるってことなのかあ。

ご隠居　そう。古きに漂う哀愁っていうのかなあ。その良さはなかなか捨て難いもんなんだよ。

咲　ふーん。ま、古きに漂う体臭は捨て去った方がいいと思うけどね。

---

**説文** むなぎ(棟)。「木」から構成され、「亟」が音。

# おわりに

八月、肌を焦がす眩《まばゆ》い太陽の下、山や海に遊び、見知らぬ町を旅し、僕たちはわずかばかりの休暇を楽しみ、夏の思い出をつくる。しかし、と思うのだ。六日・広島原爆忌、九日・長崎原爆忌、十二日・日航機墜落事故、十五日・終戦記念日、そしてお盆。光が強ければ強いほど、その対極にある世界は、姿を鮮明にするということなのか。八月はまた、死者と向き合うときでもある。そして今年……。

三月十一日に発生した東日本大震災は、想定外の津波被害と原発事故を引き起こし、戦後日本が築いてきたはずの「安全」という価値観をも揺るがした。これは、もう自然災害ではない。自然が挑んできた「戦争」ではないのか。この八月、僕は一万五千を超える死者といまだ姿を見せぬ四千強の人たちを、改めて強く思った。

人類の歴史は創造と破壊の繰り返しだ。新しい価値観の創造が既存の概念を壊し、あるいは既存の価値観の崩落が次の新しい価値観を紡ぎ出していく。放射線による汚染を除去し、壊滅した町が整備され復興するには、どのくらいの時を必要とするのか。先の見えない中で、それでもその先にある淡い一条の光を信じ、再生への一歩とする。その一歩から新しい価値観は創造されるのか。その答えは、まだない。

恐らくこうした創造と破壊を繰り返して、漢字もまた三千年を超す歴史を生きてきた。甲骨文字から、いや、たぶんその前に存在していただろう未知の文字群から、数々の歴史の洗礼を受けて現在僕たちが使っている漢字へと変化してきた。にもかかわらず、僕たちは時代が生み出してきた漢字の変化をつぶさに目にすることは出来ない。甲骨文字や金文が発掘され、これが漢字の祖先であると科学的に立証されたのは、一九世紀後半以降のことにすぎない。それでもなお、漢字は科学的根拠の及ばない想像の世界に満ちている。

朝日新聞に連載した「漢字んな話」は、二〇〇七年四月から一一年三月まで四年間続いた。連載を通じて漢字の長い歴史の一端を紹介し、今も少しずつ変化し続ける漢字の蠢《うごめ》きを伝えられないか、と思った。甲骨文字や金文の時代を経て、秦《しん》代に小篆《しょうてん》がつくられ、やがて、その時その目的に応じて隷書、草書、行書、楷書などの書体を生んだ。日本では、漢字は片仮名、平仮名へと変化の枝を伸ばし、一方で国字を育んだ。中国では一九五〇年代以降に、伝統的な漢字の字体が簡体字として生まれ変わった。漢字における創造と破壊は、現代でも進行形だ。

二〇〇九年四月からの二年間、早稲田大学の笹原宏之教授に監修をお願いした。笹原教授は子どもの頃、『大漢和辞典』を全巻買って読破した。やがてこの辞書にも載っていない漢字があることに気づき、高校の頃にはそれを記録していたという早熟の漢字青年だった。いまや、国字や典拠不明の幽霊文字などを豊かな表記方法の一つとして位置づけ、新たな漢字研究を多面的に展開する若き漢字学者であり、二〇一〇年の常用漢字表改定の策定委員なども務めた碩学《せきがく》である。

国字や幽霊文字は、漢字の歴史の側面を描き出している。連載の「鮨」「蛯」「崖」などは、笹原教授の研究の一端に拠ったものだ。僕が締め切りギリギリで投げる粗っぽい原稿を、字解に対する的確なアドバイスにとどまらず、文章表現の細かな疵《きず》に至るまで丁寧にパテで埋めて下さった。この場を借りてお礼申し上げます。

この本は、二〇〇九年四月からの二年分を大幅に加筆・修正したもので、〇七年四月からの二年分をまとめた前作の続編となる。前作に引き続き、和気瑞江さんにイラストをお願いした。売れっ子になってきた和気さんは、それでも「貧乏暇なし」と言いながら、人形劇人として相変わらず全国を駆け回っている。今回もまた、同僚の桑田真君が、全体の一割にあたる十本の原稿を担当してくれた。

出版にあたり、三省堂の協力を得て『全訳漢辞海　第三版』から『説文解字』の現代語訳と小篆を掲載した。編集者の奥川健太郎さんには、前作に引き続きご面倒をお願いした。関係者のみなさまに、改めて感謝申し上げます。

二〇一一年夏　東日本大震災の復興を祈りつつ

朝日新聞東京本社編成局校閲センター長　前田　安正

# 主な参考文献


『大漢和辞典』（大修館書店）
『新漢語林　第二版』（大修館書店）
『全訳漢辞海　第三版』（三省堂）
『旺文社漢字典　第二版』（旺文社）
『学研新漢和大字典』（学習研究社）
『新潮日本語漢字辞典』（新潮社）
『角川新字源　改訂版』（角川書店）
『字統　普及版』（白川静著、平凡社）
『字訓　普及版』（白川静著、平凡社）
『字通』（白川静著、平凡社）
『常用字解』（白川静著、平凡社）
『漢字語源辞典』（藤堂明保著、学燈社）
『漢字の起原』（加藤常賢著、角川書店）
『訓讀　説文解字注　金冊・石冊・絲冊・竹冊・匏冊』（尾崎雄二郎編、東海大学出版会）
『古文字類編』（高明編、東方書店）
『古代文字字典　甲骨・金文編』（城南山人編、マール社）
『中日大辭典　第三版』（大修館書店）
『新編　大言海』（大槻文彦著、冨山房）
『言海』（大槻文彦著、ちくま学芸文庫）
『日本国語大辞典　第二版』（小学館）
『広辞苑　第六版』（岩波書店）
『大辞林　第三版』（三省堂）
『三省堂国語辞典　第六版』（三省堂）
『増補改訂　JIS漢字字典』（日本規格協会）
『漢字学―『説文解字』の世界』（阿辻哲次著、東海大学出版会）
『漢字の字源』（阿辻哲次著、講談社現代新書）
『部首のはなし』『部首のはなし2』（阿辻哲次著、中公新書）
『漢字の未来　新版』（野村雅昭著、三元社）
『国字の位相と展開』（笹原宏之著、三省堂）
『日本の漢字』（笹原宏之著、岩波新書）
『訓読みのはなし』（笹原宏之著、光文社新書）
『終戦直後の国語国字問題』（甲斐睦朗著、明治書院）
『国語施策百年史』（文化庁編、ぎょうせい）
『大人のための漢字力養成講座』（円満字二郎著、ベスト新書）
『漢和辞典に訊け！』（円満字二郎著、ちくま新書）
『漢字』（白川静著、岩波新書）
『日本語と韓国語』（大野敏明著、文春新書）
『日本の漢字』（中田祝夫・林史典著、中公文庫）
『漢字の話　上・下』（藤堂明保著、朝日選書）
『説文入門』（頼惟勤監修、大修館書店）
『落語百選　春・夏・秋・冬』（麻生芳伸著、ちくま文庫）
『落語の言語学』（野村雅昭著、平凡社ライブラリー）
『落語風俗帳』（関山和夫著、白水Uブックス）

**笹原宏之**（ささはら・ひろゆき）
早稲田大学教授。1965年東京都生まれ。博士（文学）。専門は日本語学（文字・表記）。人名用漢字・常用漢字などの制定に従事。著書に『日本の漢字』（岩波新書）、『漢字の現在』（三省堂）など。『国字の位相と展開』（同）により金田一京助博士記念賞。

**前田安正**（まえだ・やすまさ）
朝日新聞東京本社編成局校閲センター長。1955年生まれ、神奈川県出身。早稲田大学卒業、82年入社。東京本社校閲部次長、名古屋本社編集センター長補佐、大阪本社校閲センターマネジャー、用語幹事を経て現職。

**桑田 真**（くわた・まこと）
朝日新聞東京本社編成局校閲センター員。1984年生まれ、青森県出身。東京大学卒業、2006年入社。

**わけ みずえ**（和気瑞江＝わけちゃん）
東京学芸大学在学中に出会った人形劇から抜け出せず、現在は公演や講習会などをしつつ、イラストの仕事にも携わる。

---

**漢字《かんじ》んな話《はなし》2《ツー》**

2012年2月15日　第1刷発行

監修者　笹原宏之
著　者　前田安正・桑田 真
作画者　わけ みずえ
発行者　株式会社三省堂　代表者 北口克彦
発行所　株式会社三省堂
〒101-8371 東京都千代田区三崎町二丁目22番14号
電話　編集（03）3230-9411　営業（03）3230-9412
振替口座 00160-5-54300　http://www.sanseido.co.jp/
印刷所　三省堂印刷株式会社
ＤＴＰ　株式会社デジックス



---

ISBN978-4-385-36448-3　〈漢字んな話２・224pp.〉
落丁本・乱丁本はお取り替えいたします

# 索引

本文で太字になっている漢字・キーワードの主なものが引けます。
**維・院**など、太字の漢字は、本文での見出し字です。
一字の漢字は、なるべく代表的な音(オン)の五十音順に配列しました。

## さ